JN074234

一生モノの「学ぶ力」を身につける

国見流 結果を導く 会計学習メソッド

CPAエクセレントパートナーズ株式会社
代表取締役
公認会計士
国見健介

中央経済社

はじめに
——勉強は「やり方」が大事

やり方次第で結果や可能性が大きく変わる。

これが，本書を通して皆さんにきちんとお伝えしたいことです。勉強には，**「量」×「やり方」×「モチベーション」**という図式が成り立ちます。

このうち，「量」は一定以上に増やすには限界があります。しかし，この「やり方」の部分をどう捉えるかによって，発揮する効果が10倍にも，100倍にも，1,000倍にも変わってくるのです。

ビジネスの世界では，「２割の重要事項が８割の成果を生む」とよくいわれます。結局のところ，その「やり方」といった側面にもっとフォーカスを当てれば，発揮できる成果が変わるということを私自身も実感しています。

ここで，私がよく使うたとえ話について一緒に考えてみましょう。

25メートルのプールが２つ並んでいます。左のプールは水が満タンで，右のプールは空っぽです。左のプールから右のプールに水を移し替えてください。

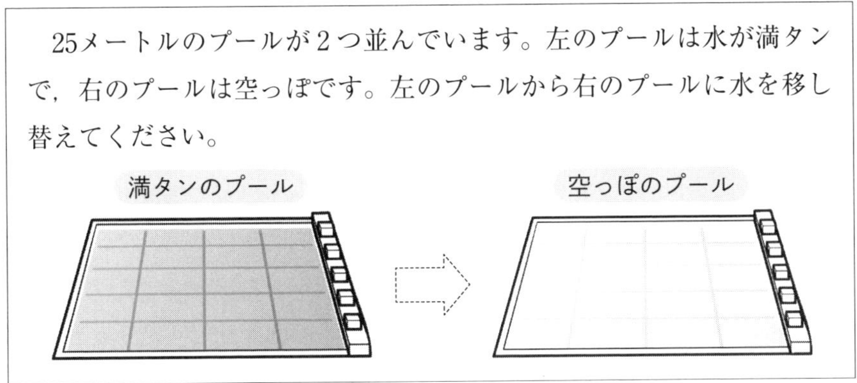

そう言われたら，皆さんはどのように取り組みますか。きっと，どう移し替えるかという手段，つまり「やり方」を考えるはずです。

「目の前にはスプーンがあった。でも，たしかにスプーンでも水を移せるけど，いくら頑張ってもほんの少ししか移せず，時間がかかる。だから，バケツを使ったほうがまだいいよね。もっと言えば，ポンプがあればもっといいよね。」

そう考えるのではないでしょうか。

このようなたとえ話であれば，「やり方」が大事であることは明確です。しかし，勉強で結果が出ないときというのは，意外と「スプーンを使ってがむしゃらに頑張っているだけ」といった状況になっていることもあります。そして，ポンプを使って結果を出す人を見て，「あの人は特別だよね…」と言って，**自分のやり方を変えることに向き合おうとしないのです**。

これは勉強に限った話ではありません。たとえば，会社の経営においても，どの経営者も皆，一生懸命働き，努力を重ねているはずです。では，なぜ会社の業績に大きな差が出るのでしょうか。

もし「量」が大事だったら，仮に20歳から働いた場合，30歳のビジネスパーソンよりも50歳以上の人のほうが，３倍以上の経験年数があるわけで，それだけの量をこなしているのですから，３倍以上の成果をビジネスで出せているはずだとも考えられます。しかし，現実はそうではありません。

当然，何事においても，ある一定の量は必要になります。そのことを否定するわけでは決してありません。仕事であれば，職種や業種にもよりますが，最低限５年くらいの下積み経験は必要でしょう。

しかし，量というのはあくまでも「そのステージに上がる」ために必要な要素の１つであって，**「やり方」を考えていかなければ長期的に高い結果は出せないのです**。

とくに，日本人は量が評価基準になることも多く，量をこなすことには長けています。勤勉な国民性からも，量的な努力を厭わないので，それに固執する傾向にすらあります。だからこそ，「やり方」を強く意識する必要があるのです。

そして，**最後にはモチベーションも大事になってきます**。ですので，本書では「やり方」とどう向き合うか，その思考や心得から手法までを主題にしつつ，「モチベーション」についても触れています。

本書の中で詳しくお話しするとおり，モチベーションを維持するにはコツがあります。また，簿記や会計を学ぶ皆さんができるだけ高いやる気を保てるように，私も日々Twitterで情報発信をしています。本書にもその内容をいくつかピックアップしていますので，勉強の合間にパラパラとめくってそれらを眺めるだけでも，また学ぶ意欲が高まってくることでしょう。ぜひ，時折読み返して初心を思い出していただければと思います。

結果を出す力は多くが「技術」であり，その技術である「やり方」を学ぶことが大切です。この技術は，ほとんどが後天的に養えます。本当にトップレベルの目標でなければ才能は必要ありません。

正しい「やり方」を身につけられれば，資格試験で結果を出すことはもちろん，ビジネスやキャリアにおいても効果的に成果を出していくことができることでしょう。

勉強は生涯続きます。

本書を通して，まさに「一生モノの学ぶ力」，結果を出す技術を身につけていただくことができれば幸いです。

公認会計士

国見　健介

目　次

第3章　「理解」と向き合う

第4章 「暗記」と向き合う

第5章 「学習計画」を考える

第６章　「モチベーション」と向き合う

第 1 章

「勉強のやり方」を考える

第１節　なぜ「学ぶ」のか

――「個の力」を高める

勉強は学生時代で終わりではありません。社会に出てからも続きます。

もし「学校を卒業すればもう勉強しなくていい」と考えているのであればそれは違います。勉強法と向き合うなら，そういう気持ちや意識を根本から変える必要があります。では，なぜ私たちは学び続けなければならないのでしょうか。

これまでの競争相手は日本人口約１億2,000万人の中での勝負でしたが，現代のグローバル時代においては世界人口70億人以上との勝負になります。

これまでは日本という国に生まれている時点で環境的に守られていました。しかし，これからは70億人との勝負になっていきます。途上国のようなハングリー精神旺盛な人たちと競争していかなければなりません。

さらには，これまで国や業界という境界線で環境的に守られていたものがこれからはWeb3.0やメタバースの世界が広がり，あらゆる境界線がなくなっていくでしょう。もはや環境に依存することはできません。しかし，見方を変えれば**「自由」を手に入れること**でもあります。それだけ個々の責任がより高まっていくのではないでしょうか。

また変化のはやさや長寿化により，１つの企業に勤め続けることも稀な時代になり，これが加速します。そのような時代には「この企業に入ったから安泰」，「公務員になったから安定」といった環境が保証されなくなっていきます。これからの時代は20年後，30年後にも同じ環境が維持されている確率のほうが極めて低いです。

だからこそ，**どんな環境でも生きていける，どの組織でも必要とされる「個の力」が求められ，そのために「学び」を続ける必要がある**のです。

――「学習歴」を高める

変化のはやい時代，10年前だったらうまくいっていたという過去の経験が今では当てはまらなくなりました。だからこそ，**学び続ける人や変化し続ける人が求められます**。

変化のスピードが５倍にも10倍にも増すので，「常に学び続けていく」という姿勢が非常に大事になってくるでしょう。

そんな時代に求められるのは一時点の結果である「学歴」ではなく，これまでの人生のトータルである「学習歴」です。つまり，**人生でどれだけ学習をしてきたのかが，変化のはやい時代を生き抜いていくうえで必要な力**になります。

だからこそ，自分のやり方次第でいくらでも可能性を広げられるのです。逆に，自分のやり方によって，可能性がゼロになってしまうこともありえます。

今までは日本という国に守られ，企業に勤めて与えられた仕事をこなせば大半の人がそれなりの生活を送ることができました。しかし，これからの時代は違います。世界70億人との勝負や10年前とは異なる社会での勝負となると，同じような戦い方では生き抜いていくことができません。

そのためにも，**「なぜ学ぶのか」を今一度考えてみましょう**。時代が急激に変わっていることを認識して行動に移す必要があるのです。

国見健介@cpakunimi語録

人生は選択の連続。日々どんな選択をするかは全部自分で決定できる。自分にとって望ましい未来につながる選択を増やしくことで，自分の力でより良い未来を創っていける。今からの思考と行動の選択の質に集中していきましょう！

――「自分らしく生きる力」を高める

「自分の好きなことがしたい」，「生きがい，やりがいを感じられることがしたい」という価値観が，特に今の若い世代の方々には強くなってきています。つまり，「自分らしく生きたい」という願望です。

自分らしく生きるという「自由」を手に入れるためには，そこに自分の力と責任が伴います。当然，その道で生きていくために必要な知識は，積極的に学ばないといけません。

学びを続けられれば，その恩恵を享受し続けられるという点ではとても素敵な時代になったといえます。

終身雇用が前提で同じ組織にずっと属していると，市場における自分の評価を意識することはほとんどありません。しかし，これからの時代は，常に転職市場で高く評価される人材かどうかという視点が欠かせなくなります。つまり，**自分らしく生きるためには自分自身の市場価値を高めることが大事になる**のです。

好きなことをして自分らしく生きていくためにも，学びの重要性が増しているといえます。

国見健介@cpakunimi語録

将来やりたいことをやるためにも，自由な選択肢を手に入れるためにも，じっくり実力をつけることが重要。中長期視点で自分はどうなりたいのかを意識して，じっくり取り組むといいと思う。人生は本当に長いし，継続の力は想像以上に大きい。自分のために一歩ずつ積み重ね，自分が納得する道を進もう！

――「アンテナの感度」を高める

私たちは日々生きている中で多くの気づきがあります。**この気づきの数や質の分だけ学びにつながり，自分の可能性が広がります。**

物事に本気で取り組んでいると気づきも増えます。どんなことでもかまいません。「本気で取り組む」ということを常日頃から心がけてみましょう。

たとえば，同じ海外留学をしても，1個しか気づきを得て来なかった人と100個の気づきを得て帰って来た人がいるとします。その違いは，**「学ぶ意欲」や「アンテナが張られているかどうか」による差**なのです。まったく同じ経験からでも，どれだけ気づきを得られるかは個々の意識によって差が生まれます。

不思議なもので，私たちは自分が興味を持っていない情報は，無意識のうちに自然と無視できてしまいます。意識を向けていないと頭に入ってこないという経験は，誰にでもあるのではないでしょうか。

目の前に広がる風景をぼんやりと眺めているとき，「赤色を見つけて」と言われれば，突如，赤い看板や赤い車が目に飛び込んでくるはずです。逆に言えば，アンテナを張っている情報しか頭に入ってきません。

「あの人は仕事ができるけど，何でだろう」とアンテナを張っていれば，それらがすべて気づきにつながるのです。すると，今度はその人が成功したプロセスにも関心が向くようになるでしょう。

逆に，「あの人は努力しているわりに結果が出ていないけど，何が足りないのだろう」と，反面教師としての学びにつながることもあるでしょう。

気づきを得るにはアンテナの感度を高めることです。それはトレーニング次第で後天的に身につけることができます。**そこに気づくか，気づかないかという違いは本気度と興味や関心の有無です。**「どれだけのアンテナを張れるか」も学びにとって大事なことなのです。

──「自責思考」を高める

「他責思考」から「自責思考」へ変えられるかどうかも学びの鍵になります。

たとえば，周りからもっと信頼される人になりたいと思った時，人望が厚い人を見て「なぜあの人は人から信頼されるのだろう」と常に考えてみてください。また逆の場合には，「なぜあの人は信頼されないのだろう」ということも常に考えてみてください。

そうすれば周りから信頼される人に関する情報が自分の中で，どんどん蓄積されるはずです。あとはその情報を「自分にどう活かしていくのか」と考えてみるのです。

学ばない人は他責にしてしまうことが多いです。なぜなら，そのほうが短期的には楽だからです。しかし，そこには自己正当化が生じるので何の学びもありません。

常に他人や環境に不平不満を言っている人は，他責思考の典型です。人にも組織にも課題や欠点は無数にあります。それに文句を言っていても自分の成長はありません。**自分がどのように思考し，行動すればより良くなるのかという「自責思考」が未来を改善していきます。**

すべての物事において，他責思考になるか自責思考になるか，どう考え行動するかはすべて自分で決められることです。自分の思考と行動の質を変えることが人生の質を変えることにつながるのです。

もし隣にいる人が急に罵声を浴びせてきたらどうしますか。相手が怒鳴ってきたので自分も怒鳴り返し，「だって，あいつが怒鳴ってきたから怒鳴り返したんだよ。あいつが悪いだろう」と主張するかもしれません。

しかし，怒鳴ってきた相手が大好きな恋人や友人，家族だったらどうでしょうか。きっと怒鳴り返すなんてことはせず，「どうしたの？　何があったのか教えて」と声をかけるのではないでしょうか。

相手が怒鳴ってきたという事実に対して，自分がどのように思考し行動するかはすべて自分で決められるのです。そして，**どちらのほうが望ましい未来につながっていくかを日々の経験から学んでいくことこそ，人生を通じた一生終わりのない学びの旅**といえます。

当然，世の中には自分がコントロールできるものとできないものがあります。地震や噴火，気候変動というレベルの話は自分一人で管理できません。

そうではなく，本来コントロールできるはずのものなのに，大部分をコントロールできないものだと決めつけてしまうのが「他責思考」です。しかし，コントロールできないものではなく，**自分でコントロールできるものと考えられるようになると，「自責思考」に変わり学びにつながります。**

国見健介@cpakunimi語録

・自分の本当に大切な目標を3つ
・そのためにやるべき重要事項3つ
・改善すべき自分の重要課題3つ
これに時間と思考を集中させていけば数年で状況はかなり前進する。他人や外部のコントロール不能なことではなく，コントロール可能な自分の重要事項に集中すると効果が高く成果につながるのでお勧めです！

——「人生を変える力」を高める

勉強でも仕事でも大切なことなのでもう少し掘り下げましょう。

他責思考では，いつまでも自分の感情をコントロールできません。「あの人が悪い」，「環境が悪い」といって，原因は相手や外部にあり自分は悪くないと考えてしまいます。しかし，事実に対する自分の反応は自分で選択することができます。

- 自分がどう思考し行動すれば，自分にも相手にもよりプラスの影響を与えられるか。
- 事実に対してどうすればプラスの捉え方ができるのか。

このように**自分がコントロールできるものの捉え方を１つずつ変えていくだけで，人生が変わるほどの大きなインパクトを与える**はずです。

天気が悪いといっても，雨が降ったという事実は１つです。それをどう捉えるかは，本来は自分次第なのです。失敗を雨のせいにするのは楽ですが，いつまでも成長はありません。

「自分の思考や行動はすべて自分の管理下にある」ということに気づけると，すべての経験が学びにつながります。その気づきが増えた分だけ，人生の可能性が広がるのです。

自分が今まで知らなかったたった１つの気づきが人生を大きく変えるという経験はよくあります。また，日々さまざまなことが起こる中で，自分の成長のためにどのように捉え行動するのかという訓練を重ねることで人生が変わります。

他責思考から自責思考へという気づきを得た時，すべては自分で選択できると気づいた時，その時々で自分の可能性は広がっているのです。

―― 死ぬときに自分史上最高の自分でいる

歳を重ねれば，体力は当然衰えていくでしょう。ただ，**見識や知恵，知識，人間性は，死ぬ直前まで成長し続けることができる**はずです。

人生100年時代と言われる今，学びがますます大事になります。

2024年から新一万円札の顔になる近代日本経済の父，渋沢栄一（1840～1931年）はかなりの長寿で，その生涯で成し遂げた功績は日本中に大きな影響を与えました。渋沢さんのような偉人が習得していた，周りの人を巻き込む力，望ましい未来を描く力など，すべての力において「技術・やり方」があるのではないかと思います。

「どうすれば皆にとってハッピーになるか」と常日頃から考えるのか。それとも，「とりあえず目の前の損得感情で自分が損しないようにしたい」と考えるのか。それは，その人の考え方であって，日々何百回も行われる選択の差でもあります。**考え方のトレーニングをすれば，きっと誰でもできるようになることでしょう。**

トレーニングによって成長できることなら，その考え方，技術・やり方を学んで，人間性はもちろん，人生の可能性を一生高めていけるはずです。

国見健介@cpakunimi語録

正解の道などないので，自分で進みたい道を進めばいい。色々な選択の結果，他人に何と言われるかも関係ない。大切なのは自分が死ぬ時に後悔しない選択は何かを意識することが大切。自分の人生のリーダーは他人ではなく自分だからこそ，自分で考え決断していってほしいなと思います。

第２節　勉強方法を学ぶ意義

―― 根性論では通用しない

勉強方法は根性論で語られることも多いです。「理解せよ，暗記せよ」とは言われるものの，その本質の説明はほとんどされません。しかし，私自身は，これまでの会計士受験の指導経験に基づいた「王道の勉強法」があり，「理解と暗記とは何か」を自分なりに確立しています。

本書の目的の一つは，その**王道の勉強法や「理解」と「暗記」を紐解き，誰でも実践できるように解きほぐすこと**です。なぜなら，そうすることで，勉強のやり方，学ぶ質が変わるからです。その結果，学習に対する意識も変わり，学習効果と効率が格段に上がります。

教えるのが上手な講師は，なぜ説明がわかりやすいのでしょうか。それは，授業中にたとえ話を交えて**具体と抽象の間を行ったり来たりしながら，論理の構造をかみ砕いて説明するから**です。逆に言えば，論理の構造を理解していなければ，そもそもの関係を説明できません。なぜ受講生が理解できないのかがわからないということでもあります。

理解とは何かについては第３章で詳述しますが，簡単に言えば，**論点に内在する論理や因果関係を構造化して，それらのつながりを自分の言葉で表現できること**なのです。しかし，難しいのは，論点によってその構造の形が全く異なることです。だから，パターン化ができません。それなのに，受験生は何とかパターンに当てはめ，根性で覚えようとしてしまいます。

理解の構造はマニュアル化できるものではありません。本書を通して，「こういうふうに物事を捉えていくと，大枠の全体像と各論のつながりを捉えることができて，納得感をもって理解ができる」という勘どころをつかんでいただきたいです。

―― 学びの相乗効果によってどんどん差がつく

では，そもそもなぜ「勉強方法」を学ぶ必要があるのでしょうか。それは勉強はもちろん何事においても，**やり方が変われば結果が出やすくなるから**です。

正しいやり方を習得できれば，他のジャンルにも当てはめられるようになります。そのやり方をうまく再現し応用できるようになれば，他の人が10の時間がかかっていたことでも，1の時間で学べるようになるでしょう。そうすると人よりも10倍多くのことを学べるようになります。

たとえば，「リンゴのように甘い」と言われた時，すでにリンゴを食べたことがあれば言葉の意味を正しく理解することができます。しかし，もしリンゴを一度も食べたことがなかったらどうでしょうか。「甘いよ」と言われてもどう甘いのか全くイメージがつかめないはずです。

学び方の効率が上がれば，人生の可能性自体が飛躍的に上がり，その効果は加速度的に増えていきます。なぜなら，知っていることが多ければ多いほど，新しい学びや気づきも多く得られ，理解がはやくなるからです。時間が効率化されるだけではなくて，加速度的に上がっていくところがポイントです。

結果を出している人は学びには相乗効果があることを知っています。経営者に読書家や勉強家が多いのはそのためでしょう。

周りから見れば，羨むほど立派な成果を出して十分な知識も見識も財力もあって，それ以上何を望むのかと思うような人でも，仕事の合間などを見つけて読書したり，思考を巡らせたりしているのです。

学ぶことで人生の可能性がさらに高まることを身をもって体感できているので学びを続けるのではないでしょうか。

―― PDCAを回す力を養う

「PDCA（Plan-Do-Check-Action）」という言葉を聞いたことがあると思います。「計画・実行・分析・修正」を繰り返すという考え方ですが，ここでもやり方が求められます。

レストランで待ち合わせをしている時，はじめて行くお店であってもたどり着けない人はほぼいないでしょう。なぜなら，**現在地と目的地が明確だから**です。目的地はお店のウェブサイトで調べれば，地図やアクセス方法を確認できます。そして，自分がいる現在地も明確なはずです。

目的地も現在地も明確だから，「電車を乗り継いで行こう」とか，「タクシーを使って行こう」とか，「歩いて行くほうがいいな」とかいろいろな行き方を考えることができます。つまり，今自分が持っている**あらゆるリソースを正しく認識しているので，その中から最適な方法を選ぶことができる**のです。

もし途中で「たどり着けないな」と不安に思ったら，もう一度，現在地と目的地を確かめて「すぐ近くだから歩いていこう」とか，「間に合わないからタクシーに乗ろう」とかその時点で最も効率がよい方法を選び直せます。そのように計画，実行して，もしうまくいっていなかったら，現状を分析して修正していくことで，必ず目的地にたどり着けるのです。

学ぶことは**選択できる知識を増やし，PDCAの質を高めていくことにも効果を発揮する**といえます。

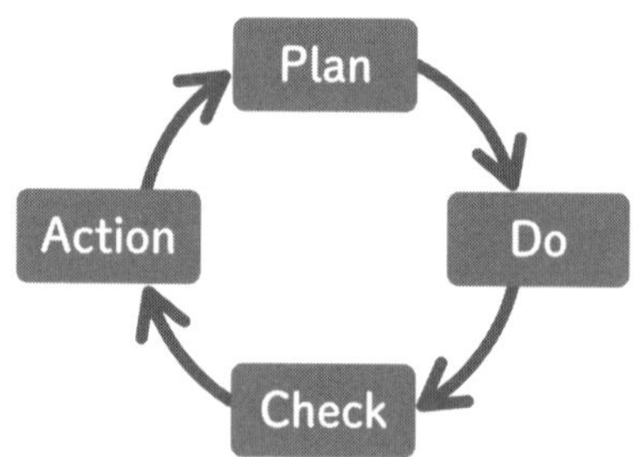

――結果が出せない理由を考える

逆に，結果が出せない時はPDCAサイクルがうまく回っていません。つまり，**勉強の目標や現在地を正しくわかっていないこと，あるいは，そもそも目標を明確にしていないこと**が往々にしてあります。

仕事であれば，たとえば「今期のノルマ」は明確に設定するでしょう。しかし，10年後の自分の会社や自分のキャリアについてはどうでしょうか。

10年後，自分が働く会社はこういう組織でありたいとか，自分はこういうキャリアを積んでいたいという理想（目標）と現在地との間に，今期のノルマは位置付けるものです。今期のノルマはあくまでその間におけるチェックポイントの1つに過ぎません。

でも，いつの間にか目の前にある今期のノルマを目標にしてしまっていることがよくあります。そのノルマを達成しようと行動した結果，取引先との関係を壊してしまったり，長い目で見た競争力をなくしてしまったりするかもしれません。

さらには，10年後に自分自身の成長を振り返ったとき，長期的に養っておくべきだった力を身につけられていない可能性もあります。自分自身が成長するためには，正しい戦略を立てて，それに対してどのリソースを使うかを計画しなければなりません。

また，自分の現状をわかっていないと，目標に対して何をすればよいのかを間違える可能性もあります。そのため，**目標と現在地を知ることもPDCAの質を高めるために欠かせない要素**なのです。

では，戦略や計画を具体的にどう立てればよいのでしょうか。その点については第2章で詳しくお話していきます。

―― 勉強方法は手段

レストランでの待ち合わせであれば，ほとんどの人が正しい手段を選んで目標を達成することができるでしょう。しかし，勉強となると，正しい手段を選択できない人が意外にも多くなります。

本来は，まだ電車を使うような距離感なのになぜか自転車を選んでしまったり，もう徒歩でも行けるような距離感なのに突如空港に向かってしまったりしているのです。このようなことが起こるのは，**そもそも勉強の目標や本質をしっかりと認識できていないから**です。これらを正しく認識したうえで，勉強方法を考える必要があります。

こういう話をすると，「授業を受け直したほうがいいですか？」，「何回復習したほうがいいですか？」という質問を受けることがよくあります。しかし，これらの質問はすべて「手段」についての話です。つまり，「電車に乗ったほうがいいですか？」，「自転車では時間がかかりますか？」という質問と同類です。そもそも目的地を明確にしていなければ，自転車には乗っているけれども，気ままにサイクリングをしているだけといった話と同じになってしまいます。

レストランに行くのであれば，約束した時間までに到着すれば目標は達成できます。**受験勉強だったら，本試験当日までに理解のレベルと暗記のレベルを合格点が取れる以上にまで引き上げること**。これがゴールです。

手段の選択で大事なのは，「ゴールを正確にイメージし，ゴールに効果的に向かえているかどうか」なのです。

国見健介@cpakunimi語録

勝負所で本気になれないとどうしても人生が中途半端になってしまう。勝負所だなと感じる場面では，自分のために本気になっていきましょう!!

―― 手段と目標を混同しない

では，**「理解と暗記の目標レベルを日頃からイメージしながら勉強できているか」ということを考えられていない人が多い**のが現状です。だから，「この問題集を何回やればいいですか？」，「１日何時間勉強すればいいですか？」という，手段をこなすことに専念してしまうのです。

この質問は，野球で言えば「毎日素振りをすればプロ野球選手になれますか？」という話と同じです。当然，素振りは大事なことでしょう。しかし，その結果，プロのスイングが身についたかどうかが道を分けるであろうことは私たち一般人でも想像できます。

同じように，問題集を解くことは理解や暗記のレベルを上げるために確かに大事なことです。しかし，**その問題集を解いた結果，合格する実力がついたかどうかがすべて**なのです。

「毎日10時間勉強したら会計士試験に受かりますか？」という質問も同様です。「毎日10時間，野球の練習をしたらプロ野球選手になれますか？」と聞かれてもそれはわかりません。

合格力を養えるように問題集に取り組む，合格力を養えるように毎日10時間勉強するという意識が必要です。しかし，**「何のために」を無視して，手段だけにフォーカスする人が意外と多い**のです。

目標と手段を混同しないこと，言い方を変えれば手段を目標にしないことは勉強でも仕事でもとても大切と言えます。

国見健介@cpakunimi語録

理解する・暗記する・現状を分析する・適切に修正する・手段を目的にしない・モチベーションを維持するetc.
正しいやり方を大切にすると成果が出る。間違った努力は簡単に裏切るので，正しい戦略や努力を意識するのがお勧めです。間違ったやり方を頑固に貫くのはリスクが高いので要注意です！

――「正しい努力」ができているか

では，具体的にどのようにすれば良いのでしょうか。それは**「目標は何か」を常に意識すること**です。それだけで，結果が変わってきます。

受験勉強で言えば，理解と暗記のレベルを確実に合格レベルまで引き上げていくというシンプルな目標をきちんと理解できていれば，結果につなげられるようになります。逆に言えば，その目標を理解できていなければ，いつまでも結果は出せません。目標を理解していないのは，間違ったスイングで毎日素振りを繰り返すのと同じなのです。

何をどう改善するためにスイングをしているのか。その目標を意識しながら，日々の素振り（手段）を行うことが大切です。

努力と結果は比例します。しかし，それは**「正しい努力」をしていることが大前提**です。厳しい言い方をすれば，ほとんどの人が正しくない努力をしています。だから，結果に結びつかないのです。

正しい方法をきちんと学べば，無駄な努力が減っていきます。そして，いかに質を上げていけるかということに意識を向けられるようになります。

「問題集を何回転すればよいか」，「何時間勉強すればよいか」という質問は話としてはわかりやすいので，答えを知りたい気持ちも非常によくわかります。しかし，そこではないのです。

間違った努力を正しい努力に直すには，技術（やり方）があります。その技術をまだ取り入れていないのに，「自分には向いてなかった」とか，「あの人は特別だから」というような逃げ道に走ってしまうのでは，それまでの自分自身の頑張りが報われません。

正しい技術（やり方）を身につけられると，人生の可能性が無限に広がります。勉強方法を学ぶ意義はここにあるわけです。

第3節 結果を出す力の本質は共通項が多い

――一流同士がわかり合う理由

新聞やビジネス雑誌などで，一流企業の経営者とスポーツ選手といった異分野の著名人同士による対談を見たことはありませんか。

まったく違う分野でも，**それぞれの分野で極めた人同士には共通項がたくさんあります**。それぞれの事例は違うけれども，一流同士がわかり合うというのは，本質の部分でお互いに納得できるからなのでしょう。

何かを極めた人は，不思議と専門外の分野においても習得スピードがはやいです。なぜなら，**結果を出す技術の本質が一緒だから**です。

一見関連しないようなことでも，それぞれの学びが結びついて，相乗効果が働きます。だから，勉強に限らず，仕事でも，対人関係でも，**結果を出す力を養うことができていれば，自分の専門分野で培ったことを他の分野にも切り替えて取り組むことができる**のです。

せっかく勉強するのであれば，「結果を出す力」を意識して取り組んでみてはどうでしょうか。得られるものが大いに変わってくるはずです。

国見健介@cpakunimi語録

人生長いのでチャンスは何度でもたくさん訪れる。焦る必要はないので，チャンスに気づける自分になる，チャンスに気づいた時に活かせる力をじっくり養っていくといいと思う。自分の実力は一生自分を支えてくれる力になるので投資効果が最も高いと思います。努力の積み重ねは大切。継続は力なりです！

――「結果を出す力」を養う

一流という言葉を使うと，「いや，そこまで極めるつもりはないから」という声も聞こえてきそうですが，仮に簿記３級合格という目標であっても，そこが本来のゴールではないはずです。簿記３級に合格した後，それを何に活かすのか，次にどういうチャレンジをするのか，ということに意識を向けてみましょう。それが，結果を出す力につながります。

確かに，難易度がやさしいときは，さほど意識しなくてもそこそこの結果を出せることもあります。そこそこの結果を出すだけだったら，学ぶ力はそこまで必要ないかもしれません。しかし，**結果を出す力を意識して取り組んだほうがその次のステップにつながります**。

たとえば，低い場所からのジャンプであれば，着地の仕方を考えなくても大怪我する可能性は低いです。しかし，ジャンプ台を30cm，60cm，１m，３mと高くしていっても怪我をせずに着地できるでしょうか。

低い場所からジャンプする時から衝撃を和らげて着地する方法を考えておかないと，**急に３mの高さから飛んで着地しようとしてもうまくいかない**はずです。低い場所からのジャンプであれば，さほど結果に影響はないかもしれません。しかし，次のステップまで長い目で捉えれば，結果を出す力は必ず養ったほうがよいのです。

国見健介@cpakunimi語録

人生は本当に長いし，色々なことが起こるけど，目の前の事象をどう捉え，どのように意味付けするかは自分でコントロールでき，事象の捉え方次第で心の平穏や充実度が大きく変わります。何か苦しいな，つらいなと感じる時は，事実の捉え方に変化を加えてみることがお勧めです。

――「学ぶ力」は人生を充実させる

私が今からメジャーリーガーや国民的歌手になるという目標を立てたとしても，それは非現実的なことです。なぜなら，努力だけではなく才能も必要だからです。しかし，地元の草野球で「国見，めちゃくちゃホームラン打つね！」とか，カラオケで「国見，めちゃくちゃ歌うまいね！」と褒められるレベルなら正しい努力を継続すれば実現できます。

勉強で目標にするレベルは，草野球の試合で大活躍できるレベルと似ています。つまり，これには才能は関係ありません。正しいやり方で努力すれば，必ず達成できる目標ではないでしょうか。

その時に鍵となるのが，第１節でお話しした「自責思考」です。多くの場合，改善をしない理由を「他責思考」にすることで，現状のままの自分を正当化してしまい，将来の可能性が広がらなくなっているのです。そうではなく，**「すべての気づきを学びにつなげていくんだ」という発想になれば，人生の可能性は格段に広がります**。

今まだ目標達成できていない自分を自己否定する必要は全くありません。むしろ自分の未熟さに気づくことができてラッキーなほどです。気づきを得られれば改善できます。

変化の激しいこれからの時代でも，「気づき」と「結果を出す力」が得られれば，充実した人生を送れる。だからこそ，「やり方」と真剣に向き合って何事にも取り組んでほしいものです。

国見健介@cpakunimi語録

24時間という平等に与えられた時間を，自分の人生にとって大切なことにどれだけ使えるかで人生の質は変わる。何を重要と思うのか，何を目指すかは個人の自由なので，自分のミッションやビジョンの達成に本当につながっているのか。定期的に思考し見直す時間を確保するのがお勧め。

第１章を読んだ後にオススメ関連動画

YouTube「CPAくにみんチャンネル」では，仕事や人生の可能性を高めるために有用な内容を，とくに会計プロフェッションの皆さんや受験勉強中の皆さんに向けて配信しています。

「受かる人と落ちる人の５つの差！」

https://www.youtube.com/watch?v=yilu_7G_Wtw&t=57s

第 2 章

「学習戦略」を考える

第１節　戦略を立てる

―― 手段と戦略の差

結果が出るかどうかはやり方で差がつきます。そして，**どんなやり方をするかは「戦略」が鍵**になります。これは勉強だけでなく何事においても欠かせない視点です。

もし野球少年から「素振りを毎日1,000回すれば，プロ野球選手になれますか？」と相談されたら何と答えるでしょうか。

たとえば，素振りの練習を思い切って１カ月間休み，その時間で徹底的にプロ野球選手のスイングを研究してみるようにアドバイスするとどうでしょうか。すると，その少年はスイングに対する理解が深まり，素振りを再開した時に，プロのスイングから学んだ重心の置き方やバットの軌道など，**今の自分とプロとのギャップを意識できるようになる**でしょう。その**ギャップを意識して毎日素振りをしたほうが確実に結果が出る**はずです。

また，もし小学生から「逆上がりができるようになりたいから練習を見てほしい」と頼まれ見てみると，一生懸命に頑張っているけれど腕は伸び，お腹と鉄棒が離れてフォームが崩れています。そんな時も，**逆上がりの正しいフォームを先に学んだほうが早く習得できるようになる**はずです。

そして，正しいフォームを理解した上で最初は横から補助して回転の仕方をイメージ付けて，徐々に補助を減らしていくほうがきっと上達が早くなることでしょう。

そこに手段と戦略の差があり，結果を出すためにはどんな戦略を立てるかが大事になってくるのです。

―― どんな地図を描くか

では，「戦略」とは何でしょうか。それは**地図を描くこと**に似ています。

- どこに向かうか？
- 現在地はどこか？
- その目標達成をするために必要なことは何か？
- 使える時間はどれくらいか？
- 活用できるリソースには何があるか？

これらを明確にイメージして，現在地の把握と目標がそこからどれくらい離れているのか，どういう行き方があるのか，また，さまざまな行き方におけるメリットとデメリット，活用できるリソースを理解したうえで，計画を立てて実行することになります。

結果が出ない場合には，この地図をきちんと描けていないことが多いです。戦略が曖昧な状態で，がむしゃらにひたすら勉強しても，ただなんとなくこなしていることと同じです。

たとえば，会社の経営者なら，10年後の売上や利益がいくらかという目標は立てるでしょう。しかし，「そもそも会社を経営している目的は何か」というと，従業員やお客さんをどれだけ幸せにして，社会に対してどんな価値を発揮して，取引先とどういう関係を築いて…というような，**理想とするミッションやビジョンがあるはず**です。あくまで，売上や利益の目標はこれらの理想を実現する１つの手段や通過点です。売上や利益を目標にしてしまうと，本来の目標と方向性がズレてしまい，業績が下がってしまう会社が多いこともその典型例です。

だからこそ，戦略を意識することが大事です。地図の描き方を間違えてしまっては，本当に求めている結果を得ることは難しくなります。

――「自分の理想」をはっきりさせる

地図を描く前に，**自分の理想は何がどう満たされている状態か**を具体的かつ明確にすれば目標にたどり着きやすくなります。

飲食店での待ち合わせでたとえると，約束した時間までにそのお店に着き，楽しい食事の時間を相手と一緒に過ごすことが目標です。そのためにはどの交通手段で行くのか，どのような服装で行くのか，どのような会話をするのが最善かをおのずと考えるでしょう。

詳しくは後述しますが，**勉強であれば「本試験の日までに理解と暗記のレベルを合格レベルに到達させること」がゴール**です。そして，そのために自分が勉強に使える全時間の中で，一番効果が高く，効率の良い方法を実現していけばよいのです。

自分の理想を叶えるために，さまざまなレベルをどれくらい引き上げればよいのかを，1つひとつ因数分解して明確に決めないと実現できません。

「なんとなく英語が喋れるようになりたい」では，いつまでも実現しないことと一緒です。そうではなく，「今年中にTOEICで800点を取る」と決めるからこそ，必要な行動がはじめて明確に表れてくるのです。

「何が満たされている状態が理想なのか」という目標をしっかり決めることが大切であるにも関わらず，実は**目標自体がズレてしまっていたり，曖昧だったりすることも多い**です。

すると「待ち合わせの店には着いたけど，時間や日にちが違っていた…」，「食事をした相手を不快な気持ちにさせてしまった」ということになりかねません。このように言えば非常にシンプルな話ですが，多くの人がきちんとゴールを明確にしないで勉強を進めている可能性があります。

繰り返しますが，**まず「目標を正しく明確に把握する」ことは戦略のすべてにおいて共通した大前提**なのです。

■現在地と目的地とさまざまな手段

正しい学習戦略とは

正しい学習戦略がなければ…

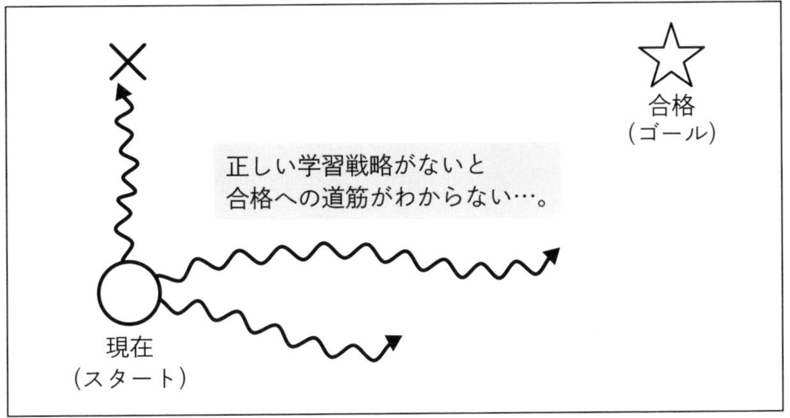

正しい学習戦略があると…!!

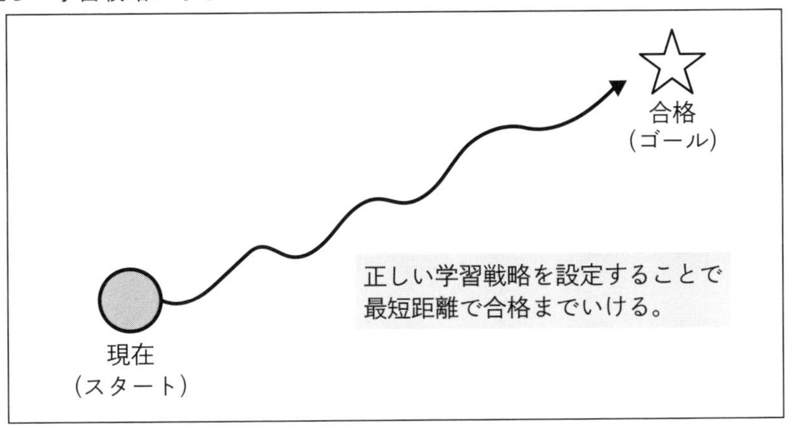

国見健介@cpakunimi語録

誠実に心清く歩む。
人生を本当の意味で充実させる秘訣だと思う。

第２節　目標と現在地の把握

——「本当の目標」と「自分の現在地」が戦略の要

戦略を立てるとき，**まずは「本当の目標」と「自分の現在地」を把握すること**が大切です。これさえ間違えなければ，「手段」は後からいくらでも考えられますし，修正もできます。そのうえで，**「本当の目標」から大目標，中目標，小目標にブレイクダウンする発想**をもてば，自然と目標がつながり，結果にも表れやすくなります。

目標のブレイクダウンについては後述しますが，勉強はもちろん，仕事でもプライベートでも，こういう発想の仕方が後々の人生において良い影響を与えるようになります。昼夜問わずバリバリ仕事をして成果を出したけれども，プライベートはボロボロ…。それは自分が本当に目指したゴールだったのかというとそうではないはずです。

- 本当の目標は何か？
- 自分はどういう人生を歩みたいのか？
- そのためにどのような力を習得することが大切か？
- その実現のために，短期的に何から優先的に取り組んでいくか？

このように掘り下げていけば，戦略が見えてきます。

国見健介@cpakunimi語録

理想や高い志とか胡散臭く感じたりしがちだけど，理想を目指さなくなったら人生楽しくないなと思う。大人になると色々制約ができたり，壁に直面したりして，できない理由を探す方が簡単だけど，一度の人生なので，愚直に泥臭く理想を追い求めていきたいなと。今日も頑張りましょう!!

――いま，自分がいるのはどこか

先ほど述べたとおり，飲食店での待ち合わせであれば，自分の現在地は他人に言われなくてもわかります。決して難しい話ではありません。しかし，それが勉強となると，話が変わってくるのです。なぜなら，それまでの人生で培ってきた理解力や，現状の進捗度，本人が勉強に使える持ち時間など，**個々人によって現在地がまったく違う**からです。

大阪から東京に向かうのか，札幌から東京に行くのかでは，話は全く違います。しかし，自分の現在地を正しく認識しないまま，とにかく歩き始めてしまう人が多いのです。

私はよく，「東大主席のような超優秀層の勉強法はそのまま真似してはいけない」と受験生に伝えています。なぜなら，東大主席クラスの人は，勉強の方法論に関して相当の力を持ち合わせているからです。

筋トレでたとえれば，筋肉隆々のボディビルダーが，200kgのバーベルを持ち上げるにはどこをどう鍛えるか，その手法と成功体験を語っているようなものです。

日頃，筋トレをしていない人が，同じやり方をいきなり真似しても，体を痛めてしまうだけだということは簡単に想像できるでしょう。つまり，**世の中に溢れているアドバイスは現在地が全くバラバラだという前提を無視している**のです。それにも関わらず，「あの人は東に向かったと言っていたから，自分も東に急ごう」という進め方では，なかなか結果につながりません。

アドバイスをくれたその人は目的地より西にいたから，東に向かうことが正解だったのです。しかし，現在地が南の人は，そこから東に向かっても目的地に到達できません。

「自分に限ってそんなことはない」と思うかもしれませんが，とくに受験勉強や仕事では，こういったことが頻繁に起きています。正しく目標に向かうためにも，現在地の把握を侮ってはいけません。

―― 自分の「現在地」をどう把握するか

では，どうすれば自分の現在地を正しく把握できるでしょうか。

勉強なら，テストなどのアウトプットをすることで現状把握がしやすくなります。実践練習を通して，今の自分の総合的な実力や１つひとつのレベルがどのような状態にあるのかが分析しやすくなるのです。

さらに，同じ学校で成績優秀な人がいたら，「あの人はなぜ高い目標を達成できるのか」と考えてみましょう。自分が思いつく限りの要素を全部リストアップし，**その１つひとつの要素を現在の自分と比べて，どのレベルなのか考えてみます**。

そういった比較検討や努力をせず，「この問題集を繰り返したら成績が伸びたらしいから，自分も同じ問題集を解こう」という発想は，手段だけにこだわっている状態です。手段だけにフォーカスしていくら頑張ったところで，努力の仕方が間違っている危険性が高まります。

やり方が間違っていただけなのに，「自分には向いていませんでした」，「これをやれば伸びるって言われたのに，成績が伸びないんですけど…」と，自ら失敗の沼，自信を失うスパイラルに陥ってしまっているのです。

そうではなく，**「自分に足りない力をどう効率的に上げていくのか」，「どうすれば重要事項をクリアできるのか」という意識をもって，現在地と目標を正しく把握することが重要**です。

国見健介@cpakunimi語録

結果を継続して出すためには，自分の中にある「当たり前の基準」を結果を出している先人に合わせるといいと思う。最初はストレッチで負荷がかかっても，慣れてくるとそれが自然にできるようになる。時間や量だけの話ではなく，壁への向き合い方や他者への気遣いとかさまざまな基準を高めていくのがお勧めです。

―― 目標をブレイクダウンする

先ほど述べた大目標・中目標・小目標は相互に関連しているにも関わらず，**いつしか「小目標」だけがまるで本当の目標のようにすり替わってしまう**ことがあります。

バスケットボール選手は，試合で勝つために，日々ドリブルやパス，シュート，ダッシュといった基礎練習に励み，各パーツの基礎力を上げていきます。そして，定期的な練習試合などを通して，実戦で通用するかを試します。そこで判明した課題を，日々の基礎練習で鍛え直すはずです。**すべては「試合で勝つ」ことに通じています**。

このような例え話であれば，誰もが納得できることでしょう。しかし，勉強や仕事となると，なぜか違います。基礎力が全く身についていないのに練習試合を毎日していたり，逆に，練習試合を全くせずにシュート練習ばかりを毎日していたり，という状態に陥りがちなのです。

実戦で活躍するためには，定期的に実戦形式で現状を把握したり，試合を意識して基礎練習をしたりしなければいけません。相手のプレッシャーを想定し，相手を避けながらシュートを打つ練習が必要になるでしょう。

試合でうまくいかないのであれば，実戦を意識して日々の基礎練習に取り組めているかが大事です。つまり，大目標，中目標，小目標を最終的な目標からブレイクダウンしながら戦略を実行できているか。これが，目的地にたどり着きやすくなるポイントです。

国見健介@cpakunimi語録

上手くいっていない時は闇雲にやってはダメです。上手くいっていない原因分析を行い，それが改善する施策を徹底的にやり込むことで改善します。量が足りないだけならやるだけでいいですが，やり方が違う時はやり方自体を変える必要がある。ここは要注意です！

―― 再現性を高める

受験勉強では，「目標を設定しましょう」とよく言われます。この時からすでに，**多くの受験生が「小目標を設定しなければ」という発想になりがち**ですが，これは目標設定というスタートから間違っています。

なぜなら，本当の目標からズレてしまうリスクが高まるからです。さらには，自分の現在地すらも正しくわかっていない可能性もあります。

もちろん，難易度によっては，ここまでの目標設定をしなくても，がむしゃらに取り組んだら達成できたということも多いと思います。しかし，それは偶然の結果という側面が大きく，再現性はありません。**「がむしゃらに取り組んだ」という成功体験だけで，さらに上のレベルや別のことにチャレンジすると挫折する可能性が高まってしまいます。**

繰り返しますが，効果が上がる目標設定の考え方は，本当の目標から大目標→中目標→小目標とつなげて捉えることです。そうすれば想像と全く違う結果になることは少なくなり，本当の目標に向けた課題を把握でき，その課題に対して適切な修正もしやすくなります。また，**この考え方が身につけば，勉強以外のことにも応用できて再現性が高まります。**

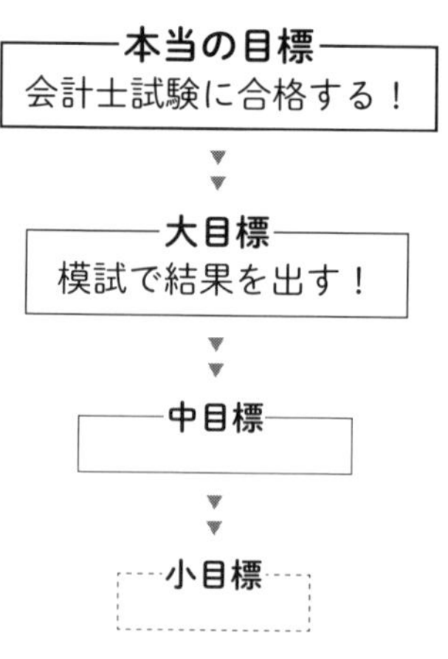

――「手段」のアドバイスは再現性が高くない

よく，名プレイヤーが名コーチになれるわけではないと言われます。それは人徳がない，人を統率できないなどの要因もありますが，**「なぜうまくいったのか」を因数分解して，言語化することができない**ことが大きいからです。

同様に，成績の優秀な人に「どうやって勉強しているか」を漠然と聞くことも実は危険を含んでいます。なぜなら，自分が勉強できるようになった理由を他人に因数分解して説明できないことがあるからです。

成績優秀な人が「この問題集を10回解いたら，できるようになったよ」と話していたとしても，問題集を10回解いたという手段が本質ではありません。その問題集を10回解く過程で，**きちんと理解ができ，きちんと暗記ができ，初見の問題に対応できる力が身についたから，できるようになった**のです。

その理解の仕方や暗記の仕方，初見の問題への対応力のところまでを具体的に説明できる人はそう多くありません。だから，こういう話の多くは，手段に着目したアドバイスになりがちなのです。

手段のアドバイスは，効果を生み出すための再現性が高くありません。勉強では，理解と暗記という要素が欠かせないので，その力が養えなければ，すべての結果は偶然の産物である可能性が高いのです。

国見健介@cpakunimi語録

・当たり前のことをやり抜く。

・基本を徹底的に極める。

これらは継続的に成果を出すために本当に大切だなと思う。裏技や例外に惑わされず，人類の長い歴史の中で支持されてきた，王道の原理・原則に従うのがお勧めです。

――勉強はできたのに仕事ができない人の共通点

時折，勉強では優秀だったのに仕事では結果が出せない人がいますが，それはたまたま勉強ではうまくいった可能性が高いです。

仕事ではさまざまな要因が絡み合います。たとえば，対人スキル1つを挙げても，「どうしたら良好な人間関係が築けるか」を戦略的に考えられず，うまくチームプレーができないといったこともありえます。

また，勉強では自分の持ち時間のうち90％の時間を使って目標を達成できていたとしても，仕事では自分の持ち時間に対して5倍も10倍も，それ以上にもやることはあります。どうやっても，自分の持ち時間でやりたいことが終わるわけがありません。だから，**「限られた時間の中で優先順位を付けて，何をやると決め，何をやらないと決めるか」を，環境や周りのメンバーの個性なども考えて判断していかなければならない**のです。

そうした選択が必要な時にいきなり「10の持ち時間で100の仕事をこなせ」と言われると，完璧主義者であればあるほどパニックに陥ってしまいます。その結果，目の前の10までは完璧に仕上げて，残り90の仕事はギブアップする可能性もありえます。それが「勉強はできたかもしれないけど仕事はできない人」といった評価につながってしまう一因です。

うまくいかない理由には共通点が2つあります。1つは**戦略の立て方が間違っていること。**もう1つが**再現性がないやり方をしていること**です。さらに言えば，プライドが高い人は，そういった状況の時に「どうして自分が評価されないんだ」と他責思考になって，悪循環に陥りがちです。

国見健介@cpakunimi語録

自分の弱さも，周りの人の弱さも受け入れると，本当の強さに繋がる気がします。弱さを素直に認め，受け入れた上で，前を向いて進めると素敵ですね。

―― 思考法が変われば空気が変わる

では，どうすればうまくいくのでしょうか。

その１つとしてとても大切なことが，上述した**他責思考から自責思考へ思考法を変えること**です。

対人スキルの話で言えば，たとえば友人を思い浮かべて「なぜ自分はあの人と仲が良いのか」と考えると，その答えはとてもシンプルで，自分にとってプラスを与えてくれる人だからです。

誰しも，人生の主人公は自分です。だから，「自分はこうなりたい」，「自分はこうされたら嬉しい」という願望があります。当然，それは皆が皆，個々にオリジナルな思いを持っています。

良い関係性を築き合えている人は一緒にいることでお互いの願望が満たされ合っています。だから，良好な人間関係を築けるようになるのです。

逆に，「なぜ仲が悪いか」も考えてみると，それは自分の願望に対して足を引っ張ったり，悪口を言ったりするからではないでしょうか。だから，悪口を言うような人とは絶対に良い人間関係を築くことはできません。

人間関係を良くしたいのであれば，相手の願望を理解して，それに対して貢献をすれば良いのです。そうすれば，相手も心地よく感じてくれるので，相手もまた自分に貢献してくれます。

非常にシンプルな法則にも関わらず，理解できていないがゆえに相手の嫌がることをしてしまうのです。

もし，部下が仕事で壁にぶつかった時に，「なんでできないんだ！　もっとちゃんとやれ！」と他責思考で怒鳴っても，何の問題解決にもなりませんし，物事はさらに悪化してしまいます。

「なぜうまくいっていないのか」を紐解いて，「これとこれがうまくいってないから，こういうふうに改善すれば，もっと良くなるのでは」とアドバイスし，うまく壁を乗り越えることができれば相手も嬉しいはずです。そうすれば上司と部下の関係も必ず良くなり，その組織にも良い空気が流れるようになります。

つまり，相手が悪いという他責思考ではなく自責思考で自分がどのようにコミュニケーションをとればよいのか，**自分の思考と行動をどのように変えればよいのかという視点で考えることが重要**です。

国見健介@cpakunimi語録

気分が乗らない時は，見方や捉え方を変えるのがおすすめ。
・壁がある→乗り越えたら次のステージいけるな
・無愛想に対応された→何かあったのかな
・雨降ってる→自然の循環大切だよね
何でも捉え方次第で自分の気持ちは変えられるので，内面のコントロール力を高めるのがおすすめ。何も損しないので是非！

第3節 戦術・計画を立てる

――逆算思考 vs 積み上げ

目標と現在地を正しく把握できれば，次に**目標を実現するための具体的な計画を立てるための戦術を考える**ことになります。

そこで，大事なのは「逆算思考」です。すべてのゴールに期日があるはずなので，その期日から逆算して落とし込んでいく必要があります。

逆算思考をしないとどうしても「積み上げ発想」になってしまい，ゴールとすべき期日に間に合いません。

加えて，**目標を達成するための「満たすべき条件」を意識すること**も大切です。繰り返しますが，**その時にも，手段を目的にしないこと，目標につながっているか**に気をつけましょう。

そこで，以下の4つの点について考えるとよいでしょう。

- 本当の目標は何か？
- 本当の目標の実現に必要な要素は何か？
- 今，日々の取り組みにおいて時間などのリソースの使い方はそれを実現するために効率的か？
- その上で，どこを改善することが本当の目標の実現に効果的か？

期日まで戦術は変わるものなので，これらを定期的に自分に問いかける必要があります。とくに1つ目の本当の目標は繰り返し確認しましょう。これは私自身も会社を経営していてつい忘れがちになることです。

勉強における満たすべき条件とは，本試験日を期日として，理解と暗記を合格点が取れるレベルまで習得できるように正しく取り組むことです。ここが揺らがないように心がけましょう。

――「わからない」から「いつでもできる」までの8ステップ

勉強に限らず何事においても，新しいことを学ぶ際，習得できるまでのステップを細かく分類すると以下の8ステップあると私は考えています。

■習得できるまでの8ステップ

ステップ①	わからない
ステップ②	わかったつもり
ステップ③	わかった
ステップ④	できない
ステップ⑤	できるつもり
ステップ⑥	できる
ステップ⑦	いつでもできるつもり
ステップ⑧	いつでもできる

たとえば，鉄棒の逆上がりでフォームを③わかったのと⑥できることはまったく違います。さらには，今すぐ目の前で逆上がりをやってと言われた時に，⑧いつでもできるのとではまたレベルが違います。

これが習得のステップなのです。この時に，**「今の自分は①～⑧のどのステップにいて，何が足りないのか」を見極めることが大切**です。理解が弱いまま反復練習しているような状態は，逆上がりのフォームが崩れたままひたすら足を上げているだけなのでコツをつかむまで時間がかかります。まずは正しいフォームを知って，それをイメージしながら鉄棒を握るほうが習得は早いです。

後述するとおり，私の言う理解のイメージは**③から⑥のレベルに達するまで練習すること**です。そこから，⑧いつでもできるようにするには反復練習が必要です。しかし，多くの受験生が理解のレベルに達していないにも関わらず，反復に力を入れ過ぎて，学習効率が下がっています。

――伸び悩んでいるのはどのステップか

簿記の点数が全く伸びないときに，理解が全然足りていないにも関わらずもう一度問題集を全部解き直しても一向に理解は深まりません。**問題集を解くことは，解き方を学び経験値を養うことなので理解不足の根本解決にはならない**のです。

当然，反復しながら，数をこなしてじわじわ学んでいくこともあります。しかし，たとえ量をこなしても，⑧いつでもできるまでしっかり習得できるかというところで最終的に差がつきます。

必要なスキルを徹底的に理解して，それをベースに反復しないと無駄な努力になりがちです。当然，全範囲を完全に理解できてから実践するというわけではなく，理解と反復練習を行ったり来たりすることになります。だから，何か課題に直面しているときに，「**今，どのステップで自分は伸び悩んでいるのか**」が明確にわからないと，効率的な対策がとれません。

簿記の勉強で退職給付会計が苦手だという人が，退職給付会計の本質を理解していないのにいくら問題を解いても理解は深まりません。問題演習では解き方は学べますが，「退職給付会計ってそもそも何なの？」というコアの部分を問題は語ってくれないからです。

とくに，苦手な論点の場合，問題集を解き直しても自分では理解のポイントに気づけません。しかし，苦手な論点の勉強をしていると，問題演習をすればそれを克服できると思いがちです。「きちんと理解しよう」と思うのであれば，まずはテキストに戻る，あるいは授業を受け直すということが大事です。

――「つもり」をなくす

「車を運転できますか？」と聞くと，自動車免許がある人は「できる」と答え，ない人は「できない」と答えるでしょう。しかし，この**「できる・できない」は，単なる二元論ではありません**。「できる」を100とし，「できない」を０とすれば，その間には１～99までの目盛りがあるはずです。仮に，Ｆ１のトップレーサーがレベル100だとすると，自動車免許を持っている一般人のほとんどが，レベル30～50程度の運転ができるというイメージです。

同時に，勉強で求められていることは，できる・できないの二元論ではなく，**どのレベルまで引き上げるか**のはずです。だからこそ，**目標との差を縮めていく意識が必要**なのです。それが，勉強でいうところの「できているつもり」，「知っているつもり」といった次元をなくしていくことです。

戦略を立てることは，何においても当たり前のことです。しかし，それが「どのレベルで徹底できているか」を１つずつ改善して取り組んでいかなければ意味がありません。

頑張っているけどなかなか結果が出ないという状況は，できているつもりになっているだけです。実はまだある部分がレベル30でしかなく，５年後も，10年後も根本原因は同じレベルのままだということがありえます。すべてのパラメーターにおいて，個々のレベルを引き上げていくという意識をもつことができれば，結果は出やすくなります。

国見健介@cpakunimi語録

ちょっとさぼりたいなという誘惑に打ち克つ気持ちが大切です。日々何回も来るその選択が積み重なると，とても大きな差になります。
適切な休息をしっかりと取りつつ，日々何度も来る分かれ道で「本気でやる」を選べると強いです。己の弱さや怠け心との勝負です。自分のために積み重ねていきましょう！

――手段と目標を混同しない

学習相談で私が受験生によく言うのは，以下の３つです。

・戦術や手段自体を目標にしない。
・１つひとつ持論をもつ。
・“なんとなくやる”の禁止。

たとえば，「毎日，この問題集を解いている」という話は手段自体を目的にしてしまっている状態です。上述したとおり，これは野球でいえば「毎日，素振りをしている」と同じです。

結果を出す人は「何のためにそれをやっているのか」が明確です。単に「素振りをしています」といった表現にはなりません。「今，自分のスイングはここが課題で，ここを改善するために，こういうところを強くしたい。そのために，○○を意識して素振りをしている」というように，その１つひとつの行動に対して，目標につながる持論がきちんとあります。

勉強であれば，**「今，自分はこの科目がこういう状態で，まだこの力が弱い。だから，この力を強化するためにこういう意識で問題集を解いている」**という持論です。これは仕事でも何でも同じことが言えるでしょう。つい目の前の行動が目標になってしまうので，その理由に対する持論がきちんとあれば，より良いパフォーマンスを発揮できるようになります。

国見健介@cpakunimi語録

勉強もなんとなくやらないことが大切です。
講義を見る・テキストを読む・問題集を解く・答練を解き直す・相談する
１つひとつ何のためにやっているのかという目的を大切にしましょう。どの力を養うためにやっているのか。その意識が質を高めます。なんとなく禁止です！

——原因は「現在地」と「目的地」にある

どんな目標達成においても，現在地から目的地までまっすぐ進むことは難しいです。しかし，上述したとおり，**現在地と目的地を明確にさえすれば，いずれ到着することができます**。

結果が出ない場合は，**目的地はわかっているけど現在地が間違っている**，現在地だけでなく目的地も実は正しく把握できていないという状態が多いと言いました。それにも関わらず，とりあえず動き出してしまったために，ただただ彷徨（さまよ）っているなんていうことにもなりかねません。

目的地と現在地さえ明確に把握できれば，ある程度は効率よく進むことができます。あとは，やり方なのです。逆に，目的地と現在地があやふやであれば，どんなに優秀な人がどんなに努力をしても成果につながりません。

まずは，目標を意識し，上述した**習得までの 8 つのステップで今自分がどこにいるのかを答案練習などを通じて把握**しましょう。そして，今後の学習計画において，１つひとつの手段が**何を改善するための取り組みなのかを意識**すれば，結果が出る可能性は大きく飛躍します。

国見健介@cpakunimi語録

人には色々な能力がありますが，
・やり抜く力
・周りの人と協力関係を築く力
・考える力
が本当に大切だなと思う。
困難に直面した時に，投げださない，周りのサポートを受けられる，できる方法を考え続けるか否かで長期的な結果が変わってしまう。
上記 3 つの力を磨き続けたいですね。

―― 常に自分のレベルを把握する

学習戦略と学習戦術は**継続的に自分の現状を把握して，微修正を繰り返す**必要があります。

逆に，学習戦略と学習戦術がないということは，以下のいずれかの状態に陥っている場合が多いです。

- □目標設定自体を間違えてしまっている。
- □現在地を正しく把握できていない。
- □その目標を達成するときに本当に満たすべき要件が何かがクリアになっていない。
- □その要件がすべてクリアになっていたとして，そこにたどり着く戦術が立てられていない。

それぞれのチェック項目について，きちんと自分で振り返り，自分なりの解を用意しているかどうかが勉強を正しく進めていけるかどうかにつながっていきます。

繰り返しますが，**現在地を把握するためには答案練習を受けてしっかりと原因分析することが大切**です。単に間違えた問題の解説を見て納得して終わりではいけません。

なぜ間違えたのか，勉強の８つのステップの何が足りていないのか，戦略や学習時間は十分なのかなど原因と改善策をしっかり分析しましょう。

国見健介@cpakunimi語録

目の前に生じたことに，自分がどう反応するかも意思決定なので，すべての人が毎日大小合わせて何百回も意思決定の判断をしていると思います。その判断が自分の目標や目的にプラスになっているのか。判断の質を高めると間違いなく結果が出やすくなるので，大切にしていきましょう!!

第２章を読んだ後にオススメ関連動画

YouTube「CPAくにみんチャンネル」では，仕事や人生の可能性を高めるために有用な内容を，とくに会計プロフェッションの皆さんや受験勉強中の皆さんに向けて配信しています。

「正しい学習戦略が会計士試験を制する！」

https://www.youtube.com/watch?v=nqzHTKZpaqg&t=41s

第 3 章

「理解」と向き合う

第１節 「理解する」と「構造化」

―― 自分の言葉で明確に説明できるか

これまで「理解」という言葉を何度も使ってきましたが，これを一概に説明することは，実はとても難しいです。しかし，勉強では自分が「理解できているかどうか」は繰り返し自問することでもあります。

では，「理解した」とはどういう状態でしょうか。

私自身は，**理解とは物事の構造が自分の中でスッキリしている状態であると**定義づけてこの言葉を使っています。

あらゆる物事には構造があります。そこには，因果関係や論理的つながりが組み合わさっています。それらを学び理解することが，結果を出していくために求められることです。そのために，それらの構造が自分の中でスッキリしているという状態を目指します。

「どうしたら信頼されるのだろう。」

「どうしたら結果が出せるのだろう。」

勉強に限らずすべてにロジックがあります。だから，成功や結果というのは技術・やり方が鍵になるのです。もちろん，才能や運という要素もあるでしょう。しかし，技術・やり方さえ磨けば格段に効果が上がるはずなのです。

では，「自分の中でスッキリしている状態」になっているかどうかは，どのように判断すればよいでしょうか。

それは，**「結局こういうことだ」と自分の言葉で明確に説明できるか否か**です。ここが理解のポイントだと私は考えています。

——「大きな考え方」と「具体」をつなぐ

理解のポイントで私が大事にしている視点は「大きな考え方と具体をつなぐ」ということです。このどちらか1つでも弱いままではどこかモヤっとしているままの状態です。逆に，これらが全部わかると，自分の中でもすごくスッキリするはずです。

では，この「大きな考え方」とは何でしょうか。これは「そもそも論」や「抽象」とも言い換えられます。つまり，いわゆる**具体と抽象の関係やそもそも論と1つひとつの事例が自分の中でつながりスッキリすれば理解したという状態**といえるのです。

身近な話として，交通ルールの大きな考え方は何でしょうか。それはぶつからない，事故を起こさない，そのうえで効率的に移動することでしょう。つまり，これが交通ルールにおけるそもそも論です。

そこで，交通ルールの具体として交差点を考えてみましょう。もし交差点に左右から同時に車が侵入して来たら衝突事故が起きてしまいます。だから，信号を設置して交差点への侵入をコントロールし，事故が起きるリスクを減らしています。私たちは**事故を起こさないという大きな考え方を理解できているから，信号のルールも納得できている**のです。つまり，大きな考え方がわかっていると具体も納得でき，スッキリしている状態になります。

■大きな考え方と具体をつなぐ

①論点や科目の大きな考え方 （そもそも論・抽象） ②各論点の具体的考え方 （各論・具体）	③両者をつなげながら 納得する。

——大きな考え方を基に考えを広げる

日常において，先ほどのように交通ルールを細分化して考えることはないかもしれません。それは，ほぼ全ての人が交通ルールの大きな考え方と具体の構造を理解，納得して行動に移せているからです。

では，例外として，救急車やパトカーのような緊急車両であればどうでしょうか。交通ルールにおいて「ぶつからない，事故を起こさない」ことは確かに大事です。しかし，これらの緊急車両の活動には人の命が関わっています。

だから，信号のある交差点ではサイレン音を鳴らし，赤信号でも交差点に侵入可能にするなど，優先的に通行できる例外的なルールが成り立つわけです。つまり，**大きな考え方に基づいて考えられれば，例外についてもすんなりと納得できる**のです。

大きな考え方を納得できれば，災害時の自衛隊車両はどういうルールがあるだろうかといった**応用問題も考えられるようになります**。たとえば，災害時であれば人の命が関わっているから緊急時の救急車やパトカーと同様のルールが当てはまるのではないか，という推測が働くでしょう。

一方で，もし基地から基地に移動する平時の自衛隊車両についてはどうかと問われれば，緊急事態でないので信号を守る必要があるだろうと推測できます。

このように，**大きな考え方を基に考えを広げていくことは応用力や対応力の向上につながります**。大きな考え方が理解できていないと，授業やテキストで学んでいないことについて急に問われた場合，「それはテキストに載っていないからわからない」とか，「そんな問題は解いたことないから知らない」という答えになってしまうのです。つまり，推測が働かないのです。

――推測する力が応用力につながる

大きな考え方を理解できている人は推測が働きます。試験問題で全問正解まではならなくても，「普段こう考えるのだから，こうなるはずだろう」と推測ができ，その解答が７割当たったとか，８割当たったとなり，**得点力につながっていく**のです。

難関資格になればなるほど，理解をしていないと点数がなかなか取れません。理解をしていなければ，わずかな変化球にも対応できないからです。

さらに言えば，これは勉強だけに限った話ではありません。上述した緊急車両の例は地上における交通ルールでしたが，空の場合はどうでしょうか。空には信号機を設置することができません。また，地上と違って高度差もあります。だから，きっと「どれくらいの高度が離れていないといけない」，「どれぐらいの距離が離れていないと危ない」，「もし接近してしまった場合，どのように避けるのか」というようなルールがあるのではないか，と想像できるのではないでしょうか。つまり，ぶつからないためのルールが決められているだろうという推測ができるのです。

そうした推測をした後に本当のルールを学んだとしたら，交通ルールの「ぶつからない，事故を起こさない」という**そもそも論と合理性や効率性を踏まえて，「だから，こういうルールなのか」と納得できる**のです。

理解のポイントは，大きな考え方と具体という要素をつなげて押さえることであり，大きな考え方から推測することが応用力につながるのです。

国見健介@cpakunimi語録

私は本気で会計士の勉強をやり合格したことで，やればできるんだという自信と，物事を体系的に学ぶ力を身につけられたことが大きいと感じている。すべての事にロジックや構造があるので，物事を体系的に学び，論理に基づき再現性を持たせる力を学べたことは，今も大きな支えになっている。

第２節　会計学習における「構造化」

――すべての論点にはロジックがある

簿記や会計の学習でいえば，有形固定資産や有価証券のような論点は論理構造の階層があまり多くありません。だから，比較的理解がしやすい論点といえます。

一方で，退職給付会計や連結会計，キャッシュ・フロー計算書のような論点は論理構造の階層が深く，かつ複雑です。だから，受験生の中でも苦手だと感じる人が多くなる論点です。

たとえば，連結会計であれば複式簿記の大きな考え方を押さえた上で，さらに連結財務諸表の大きな考え方までも押さえなければなりません。論理のつながりや構造が複雑なため，「自分はどの部分が理解できているのか」，「どこが理解できていないのか」が見えにくく，パターン化できないのです。

この**大きな考え方と具体をつなぐ因果関係やロジックを「構造化できるか」ということは，理解において無視できない大事な要素**です。大きな考え方を自分の中で整理して，自分の言葉で「結局こういうことだよね」と，他の具体例で表現できればできるほど因果関係やロジックがわかるようになります。言い換えれば，**「具体と抽象の行き来」を繰り返すことで，心からの納得感が得られるようになります。**

■単純な構造と複雑な構造

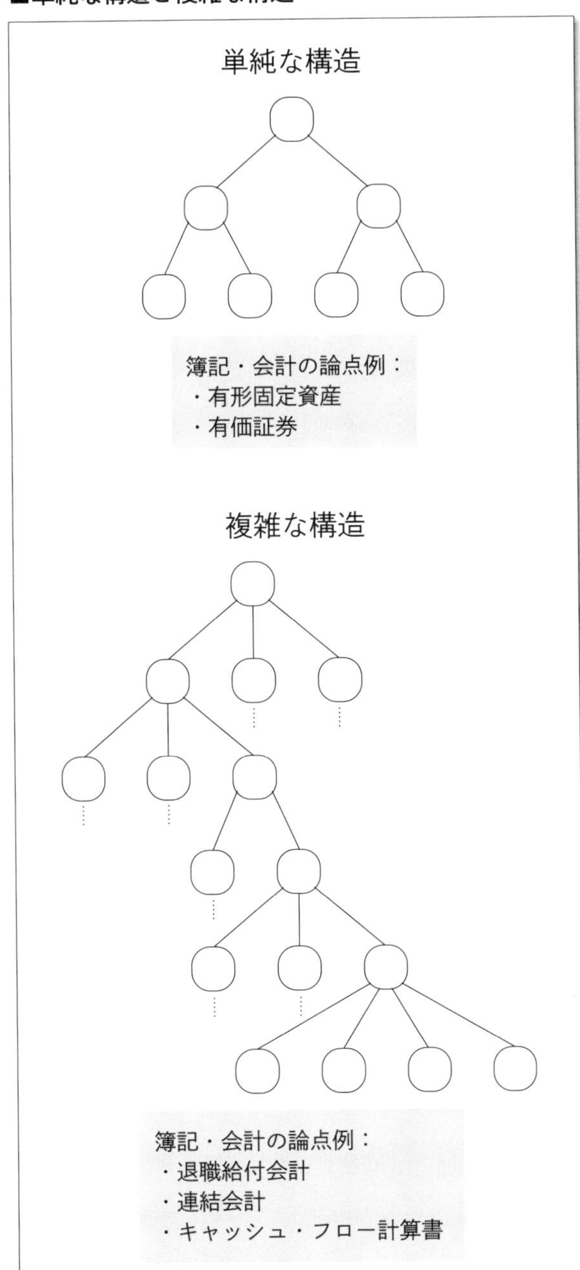

―― なぜ理解が弱くなるのか

簿記や会計の学習で理解が弱い人の典型として，具体にあたる会計処理だけを押さえているパターンがあります。他には，大きな考え方としてのそもそも論は知っているけれども，具体（会計処理）を考えるときに，そのそもそも論を一切考えていないというパターンもあります。しかし，繰り返しになりますが，大きな考え方（そもそも論）と具体（各取引や会計処理）はつなげて理解しなければ心からの納得感は得られません。

会計では会社の経営成績を正しく反映するために貸借対照表と損益計算書を正しく作りたいわけです。そのためには，**複式簿記の考え方を学び，貸借対照表と損益計算書の関係をしっかり押さえておかなければなりません。**そこをスタート地点として全部の論点をつなげていければ，大きな考え方と具体（各取引や会計処理）の構造がスッキリと見えていくのが実感できるはずです。

交通ルールに対する理解でも，複式簿記に対する理解でも，思考法は同じです。考える対象を切り替えて，大きな考え方と具体をつなぐだけなのです。そのつなぎ方には因果関係もあればロジックもあります。しかし，結局のところ，「そもそもこういうことだよね」と言えるかどうかが理解の判断基準となるのです。

国見健介@cpakunimi語録

財務会計論を得意にしたい場合には，「仕訳の意味」をしっかりと理解するといいと思います。仕訳を理解した上で，タイムテーブルや解きやすい下書で解くのはスピードと正確性を高めるのでお勧めです。仕訳を理解せず解き方だけ覚えようとすると，なかなか得意にならないので要注意です！

■複式簿記からつなげていく考え方のイメージ（一例）

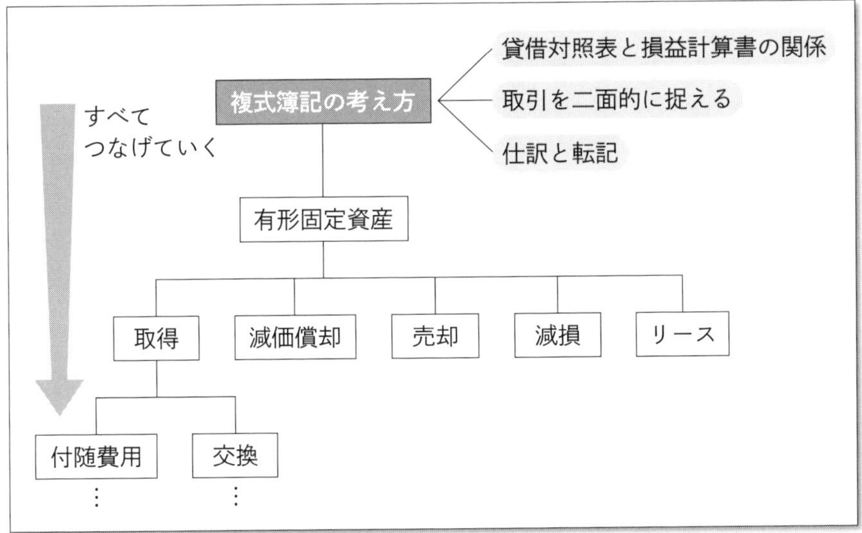

—— 複式簿記と貸借対照表をつなぐ

では，企業の財政状態を正しく表現するための「貸借対照表とは」そもそも何なのでしょうか。この大きな考え方もきちんと理解する必要があります。

そこで建物を1,000円で購入して10年後に100円で売却するケースを考えてみましょう。

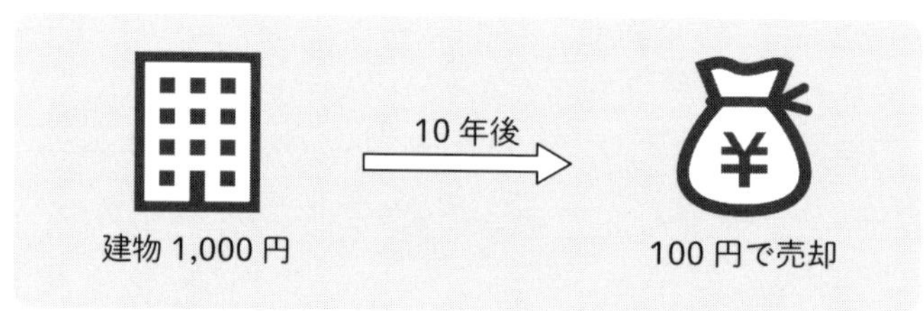

建物を購入した時から比べて，財産が900円減っています。貸借対照表では資産が900円減り，純資産も900円減ります。複式簿記では，**必ず左右の関係がバランスするように取引を二面的に捉えるというルールがあります**。そのため，財産の状態を表すには貸借対照表上でも必ず２ヵ所動くのです。

■貸借対照表の推移①

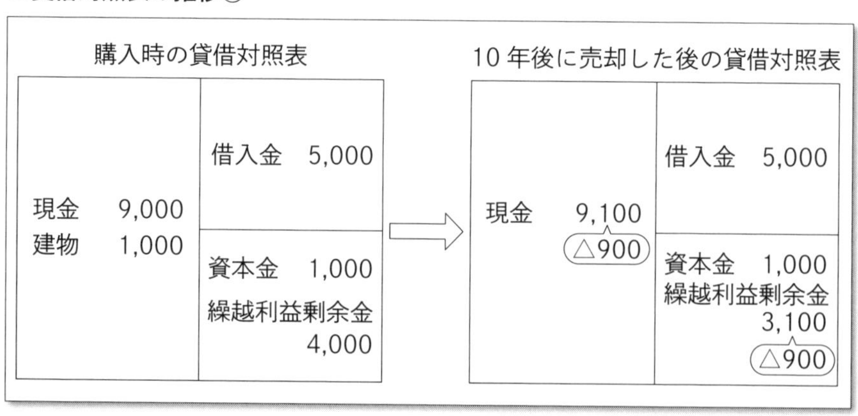

建物を購入した時に資産を1,000円で計上しておき，売却した時に900円の売却損を計上したとしても結論は一致します（上図「推移①」）。ただ，そうすると，10年間建物を使ったという状況が全く表現されません。つまり，買ったという取引と売ったという取引しか記録されないことになります。それでは企業の実態を適切に表現できません。

そのため，建物を10年間使って900円の価値が減るのであれば，毎年90円ずつ価値を減らしていくほうが**実態を正確に表現できるという考えになる**のです。そこで，取引とは別に人為的に決算整理を行い，貸借対照表では資産と純資産が毎年90円減るように調整しています（下図「推移②」）。

これが取引をありのままに記録する期中仕訳と，正しい財務諸表に調整するための決算整理仕訳の考え方です。

■貸借対照表の推移②

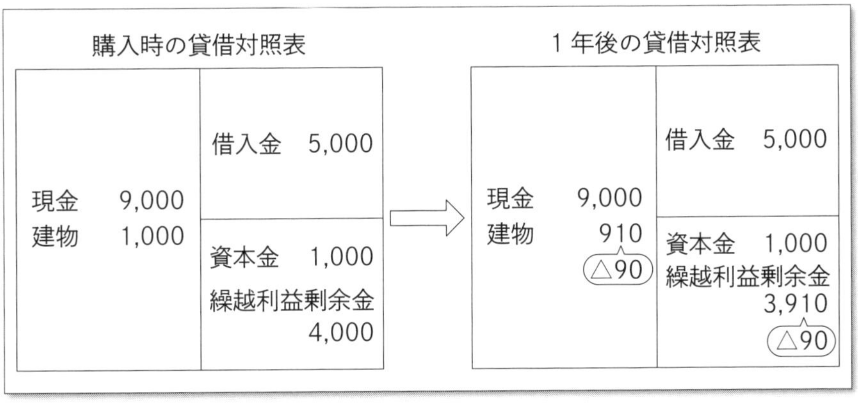

―― 複式簿記と損益計算書をつなぐ

では，損益計算書とはそもそも何でしょうか。

たとえば現金売上1,000円という取引と現金仕入900円という取引があったら当期純利益が100円プラスになります。この100円という収益（あるいは費用）を**「繰越利益剰余金」という儲けを示す貸借対照表の勘定に置き換えてしまえば，貸借対照表だけで表すことができます**（下図①）。つまり，実は複式簿記は損益計算書がいらず，貸借対照表だけで表せるのです。

しかし，それでは儲けの総額はわかっても，「どう儲かったのか」，「なぜ損が出たのか」という内訳がわかりません。そこで，繰越利益剰余金のプラス要因である収益とマイナス要因である費用に分解して，損益計算書で表現しているのです。それによって**「どういう活動で儲かったのか」がわかる**ようにしています。

損益計算書は繰越利益剰余金上の増減要因に過ぎません。だから，当期純利益の金額だけ繰越利益剰余金が増加するのです。**財政状態の変動を貸借対照表で二面的に捉えながら，繰越利益剰余金の増減の内訳を損益計算書で示す**。これが複式簿記の根本的な大きな考え方です。

■貸借対照表・損益計算書①

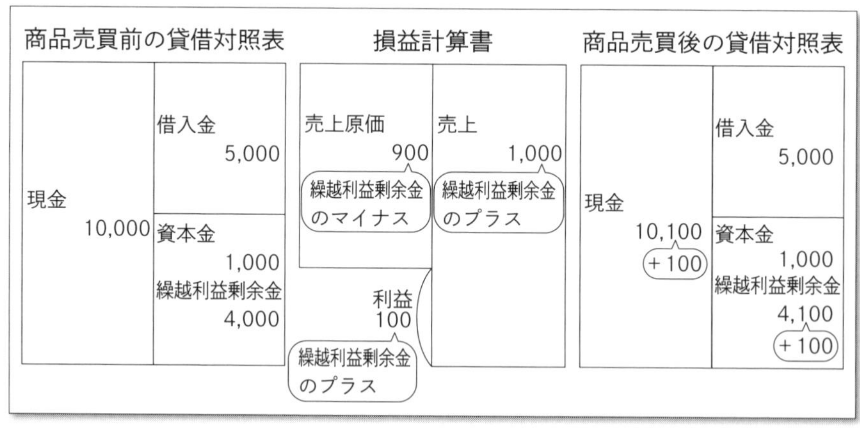

── 貸借対照表・損益計算書と各論をつなぐ

ここまでがわかれば，上述の例で1,000円で購入した建物を10年後に100円で売却する場合，定額法は直線的に価値を減らし，定率法は曲線的に減らす，減損会計は途中で損を出すので残りを減価償却すればいいというイメージがおのずとできるようになります（下図②）。

どれも**スタートからゴールまでの途中経過をわかりやすく表わしているだけ**なのです。「そもそもいくらお金が増減するのか」を考え，その途中経過が貸借対照表と損益計算書でどう表現されているかを理解できれば，各論の理解とつながりやすくなります。

■貸借対照表・損益計算書②

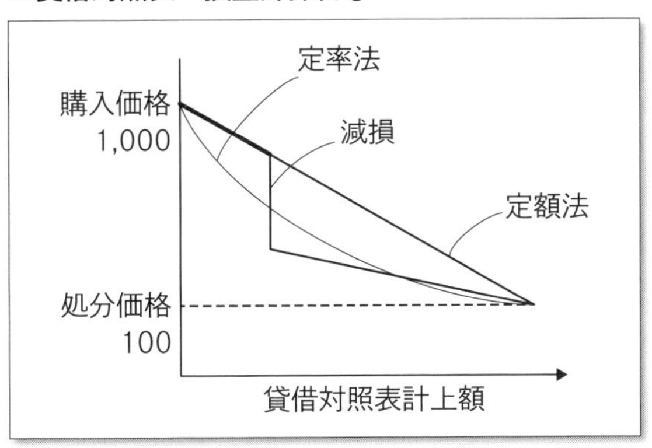

もう一つだけ，各論をつなぐ例を挙げましょう。有価証券を1,000円で購入して1,500円で売却できるのであれば，現金と繰越利益剰余金が500円増えます（次頁図③）。

この「途中経過をどうすれば上手に表現できるか」という視点から，売買目的有価証券なら決算ごとに時価を反映させることが実態を表し，満期保有目的債券であれば満期まで保有しているので売却前は時価を反映させないという各論の考え方になります。

ここでも，**スタートからゴールまでの線の結び方**だと捉えられると，1

つひとつの大きな考え方と具体がつながっていきます。

■貸借対照表・損益計算書③

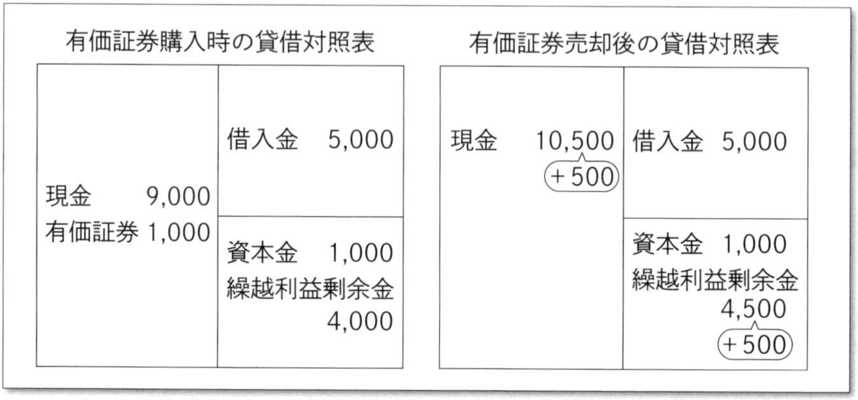

有価証券購入時の貸借対照表

現金 9,000 有価証券 1,000	借入金 5,000
	資本金 1,000 繰越利益剰余金 4,000

有価証券売却後の貸借対照表

現金 10,500（+500）	借入金 5,000
	資本金 1,000 繰越利益剰余金 4,500（+500）

―― 複式簿記と原価計算をつなぐ

原価計算は，損益計算書の売上原価に計上される金額と貸借対照表の製品・材料・仕掛品という在庫を分けて表現するものです。商業簿記でいうと，当期に仕入れた商品のうち，**いくらを当期に販売した売上原価にして，いくらを在庫として繰越商品にするのかを考えて，貸借対照表と損益計算書の計上額に分ける**ということです。

簿記３級で，「仕入（しいれ），繰商（くりしょう），繰商（くりしょう），仕入（しいれ）」という語呂合わせで学んだ仕訳です。商業簿記では，仕入額10,000円に期首在庫1,000円を加えて，期末在庫2,000円を除いて売上原価9,000円を算出し，貸借対照表と損益計算書に計上します。

■売上原価と仕入の関係図

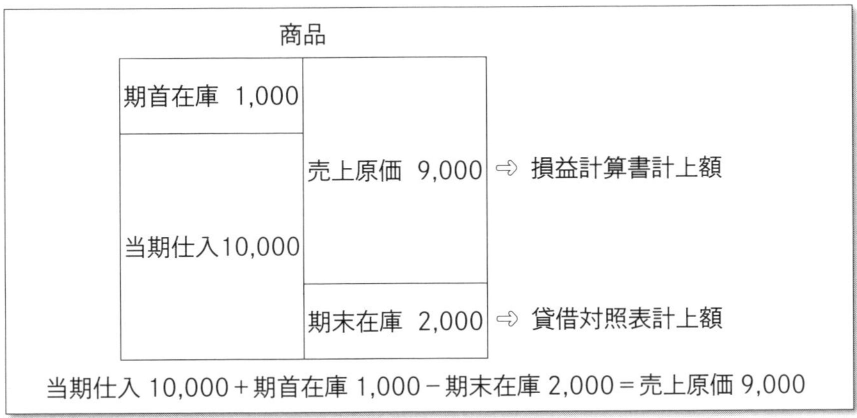

原価計算では上記の処理をより細かく行うだけです。

そこで，原価計算では必ず「勘定連絡図」を確認するようにしましょう。例えば，材料費では，当期に購入した材料のうち期末に残った在庫を除き，消費したものが仕掛品勘定に集まってきます。

さらに，また仕掛品勘定で出た期末在庫を除き，完成したものを製品勘定に送り，製品勘定でも出た期末在庫を除き，販売したものを売上原価勘定に送る，ということが勘定連絡図で表されています。

材料，労務費，経費の支払額と発生額をｂとして，材料，仕掛品，製品の期首在庫をａとします。ｂ＋ａから，材料，仕掛品，製品の期末在庫ｃを除くと，売上原価ｄになるのです。この計算をしているのが原価計算の大きな考え方です（右頁図）。

その上で，例えば製品X・Y・Zを製造しているなら，X・Y・Zに直接消費されたものは直接費になりますが，例えば工場全体の減価償却費や工場監督者の給料など，全ての製品に共通して発生した費用は製造間接費として集計し，適切な按分基準を用いて配賦をすることになります。

こういった大きな考え方をベースにして，製造間接費をさらに細かく計算するのが部門別計算や工程別原価計算であり，仕掛品勘定を複数の製品に分けるのが個別原価計算や組別原価計算だというように，各論点の具体につなげていくのです。

勘定連絡図を理解して，**「今，勘定連絡図のどの数字を計算していて，それがどうして正確な原価計算になるのか」**を１つひとつ，そもそも論から落とし込んでいくわけです。それが，大きな考え方と具体をつなげて原価計算を理解できているという状態です。

国見健介@cpakunimi語録

原価計算であれば，勘定連絡図と仕訳をまずは意識する。その中で各論点や例題が，勘定連絡図のどの部分の計算を行っているのか，なぜその方法が適切な製品原価の計算や原価管理に資するのかなど，理論と合わせて押さえるといいと思います。原価計算は財務会計論や租税法以上に理解しないと厳しい科目です。

■原価計算の勘定連絡図

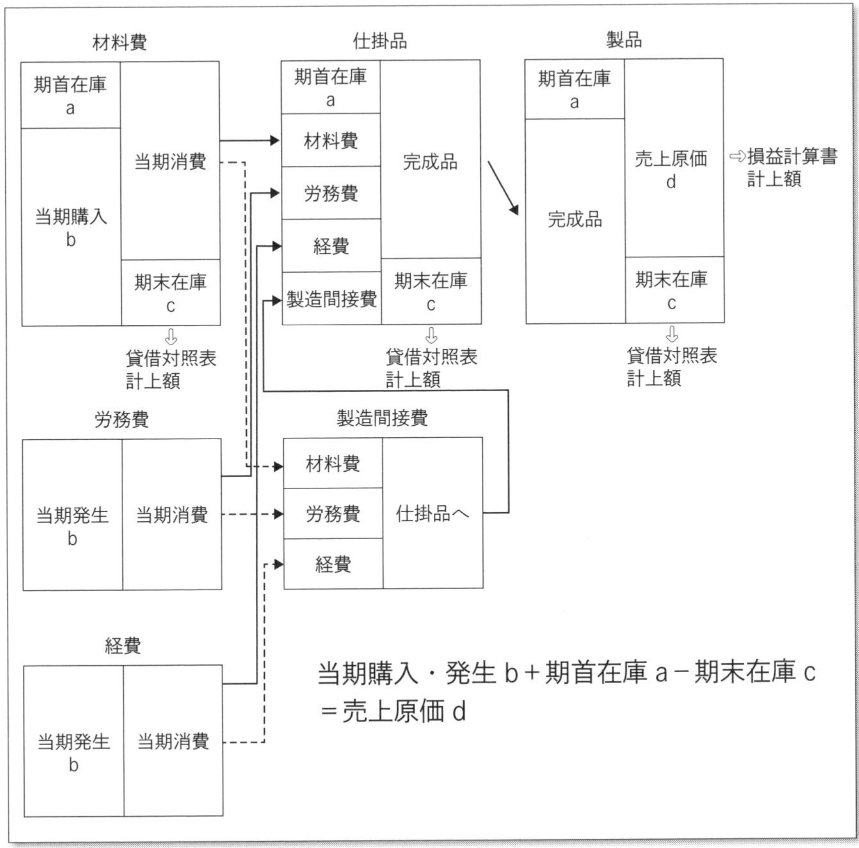
材料費
期首在庫
a
当期購入
b
当期消費
期末在庫
c
⇩
貸借対照表
計上額
仕掛品
期首在庫
a
材料費
労務費
経費
製造間接費
完成品
期末在庫
c
⇩
貸借対照表
計上額
製品
期首在庫
a
完成品
売上原価
d
⇨損益計算書
計上額
期末在庫
c
⇩
貸借対照表
計上額
労務費
当期発生
b
当期消費
製造間接費
材料費
労務費
経費
仕掛品へ
経費
当期発生
b
当期消費
当期購入・発生 b＋期首在庫 a－期末在庫 c
＝売上原価 d

第3節 「なぜそうなるのか」を押さえる

――「なぜ」を考え続ける

理解を深めていけばいくほど，世の中には似たようなロジックのつながりが至るところに存在していることに気づき，学びが加速していきます。

ロジックのつながりを100個しか持っていない人に比べると，10,000個も持っている人は何か新しいことに取り組む時に「あ，これはこのロジックと一緒だ。こっちはあのロジックが活かせる」と**物事に対して早く構造化したり，理解ができたり**します。

資格の勉強をしている人は，受験勉強を通してさまざまな論点や結果を出す技術を習得し，ロジックのつながりを強化するトレーニングを半ば強制的に行っています。それは本来，受験勉強でなくても磨ける力です。

ビジネスであれば，「部下や後輩のモチベーションをどうしたらもっと高くできるのか」，「どうしたらもっと仕事を効率化できるのだろうか」，「どうしたらもっとお客さんの期待に応えられるのだろうか」というように，**「どうしたら」，「なぜ」と考え続けている人は物事のロジックのつながりがどんどん強化**されていきます。

国見健介@cpakunimi語録

自分に投げかける言葉は，自分の脳や深層心理に強く影響してしまう。だめだと思うと世界や自分をだめだという前提で見てしまい悪循環に。できると思うとできる方法や可能性に気づき進みやすくなる。脳は不思議で自分の思考次第で見える世界が変わる。自分に前向きな言葉を投げかけるのがお勧めです。

―― 説明がうまい人のコツ

上述したとおり，**説明が上手な人は，具体と抽象の行き来を繰り返す力**があります。つまり，具体の話をしている時に大きな考え方である抽象の話にまで戻って，それをまた他の具体でも説明するということを繰り返します。

勉強はどうしても具体（簿記であれば会計処理）を学ぶ機会のほうが増えます。しかし，だからこそ「大きな考え方」にも定期的に触れて，理解を深める必要があるのです。そうすることでつながりがわかりやすくなっていくのです。

とくに，例えが身近な話だと納得しやすくなります。たとえば，会計の学習でのれんの解説をする際，次のように1本のペンを使って例え話をするだけでぐっと身近に捉えられるのではないでしょうか。

「このペンは150円で販売されています。しかし，もし自分の好きな芸能人が使っていたペンだとすれば，10万円出してでも欲しいと思うかもしれません。この150円と10万円の差額というのが，のれんになるわけです。つまり，150円の商品を，なぜ10万円で買うのかというと，本人は150円以上のメリットがあると判断したからです。これが経済活動であれば，企業を買収することでブランド力やシナジー効果が高まり売上が上がると見込み，のれんの金額以上の価値があると判断することと同じですね。」

このようにペンという身近な存在を用いて，同じような理屈を説明することで納得感が得やすくなります。

――論理がかみ合わない原因

具体と抽象の行き来で，もう１つ大事な視点があります。それは**論理がかみ合っているかどうかを意識すること**です。もし自分の中でスッキリせず，理解ができていないと思うのであれば，それは論理がかみ合っていない可能性が高いです。

論理がかみ合わない時は，**具体と抽象の話をしているレベルが違うことも多い**です。

友人に「お腹が減ったから魚を食べたい」と言われたら，マグロやサンマという具体的な魚が頭に思い浮かぶのではないでしょうか。魚という抽象概念からすれば，マグロやサンマは具体という関係が成り立ちます。

では，もし「お腹が減ったから何か食べたい」と，抽象概念が食べ物に変わったらどうでしょうか。そうすると，今度は魚自体が具体になります。つまり，具体と抽象は，**人によって「何を抽象と捉えていて，何を具体と捉えているか」というレベルが全く違う**のです。結果として，見ている世界観が全く違ってくるのです。

これは仕事でも厄介な話をしばしば巻き起こします。仕事で上司と部下で捉えている具体と抽象がずれているというケースです。同じ課題でも，上司はより上の概念から捉えているのに対し，部下は目の前の仕事だけを捉えていると，それぞれの具体のレベルが全く違うため議論がかみ合わなくなるのです。

だから，**理解をする時には，「自分が今，何を大きな考え方として捉えていて，何を具体で捉えているのか」を客観視しないといけません**。論理がかみ合わない理由は，大体の場合においてこういったすれ違いが起きていることが多いです。

――授業では「なぜ」を聞く

授業を受けるのは，「なぜそうなっているのか」というつながりを理解するためです。つまり，大きな考え方（そもそも論）と具体のつながりを理解するために聞くものです。

だからこそ，**授業を受ける際には，大きな考え方を意識して説明を聞く姿勢が大切**です。授業では，どうしても具体を学ぶことが多くなります。そのため，必ず自分でその大きな考え方が何かという思考を持って，具体と抽象の行き来を繰り返すのです。

それを意識していないと，「わかったつもり」の状態で授業が終わってしまいます。さらには，**復習する時にも，「大きな考え方がこれで，具体がこれで，つながりはこうなんだ」というようにロジックを組み立てましょう**。

「本当に理解しているのか」を自分自身で振り返らないと，難関試験ほどわかったつもりの状態で次々に新しい具体を学ぶことになります。簿記を学んだ人であれば，複式簿記の原理は，必ず聞いたことがあるはずです。しかし，授業を**聞き流していたり，具体とのつながりを考えていなかったりして，大きな考え方をすっかり忘れた**ということになります。

そうすると，授業中にはわかったつもりになっていたけれども，いざいろいろな演習問題を解こうとしても，わからない・できないという現象に陥りやすくなってしまうのです。

国見健介@cpakunimi語録

わかる→できる→いつでもできるは，それぞれ大きな差があるけど，人にわかりやすく説明できるが最終段階。プロセスや構造を因数分解して説明できるようになると，何事も応用力・再現性がぐっと高まる。偶然から必然に変えるのは構造の理解と徹底的な反復だと思う。

―― 簿記３級・２級を学び直す

簿記３級レベルであれば，市販のテキストで独学する人も多いです。その後，より上級の資格取得を目指して資格スクールを受講する人もいますが，その場合はもう一度，簿記３級や２級レベルの授業から受け直すことをお勧めします。

自分の理解が弱いところでも，８割程度を理解できているのであれば，さほど時間をかけずに復習できます。

簿記３級や２級の内容を復習するときに，具体的な論点の処理１つひとつを押さえるのではなく，「この処理では何をしているのか」，「なぜ，それが適正な財政状態や経営成績の表示になるのか」といった，**大きな考え方と具体を自分で結びつけることが目的**です。

授業を受け直すだけが選択肢ではありません。この結びつけを自分でできてしまう人も中にはいます。思考力がもともと高い人は，そもそも論と具体のつながりを自分で気づける人も多いです。ただ，相当難易度が高く，時間のかかることでもあるので，授業を受け直して講師から習うほうが効率的といえるでしょう。

パッと見でわかりやすそうな教材ほど，表面的な説明しかできていないこともあるので，それを自力で見抜くのは難しいかもしれません。少なからず，そういう復習時間を作ったほうが，その後に取り組む学習でつまずくリスクは低くなります。

国見健介@cpakunimi語録

公認会計士試験の勉強で学んだ専門知識はもちろん，学ぶ力や結果を出す力は，その後の人生の大きな財産になる。自分も会計士の勉強を本気でやって人生が変わったと思う。今勉強している人は，たくさん壁があると思うけど，日々の努力の積み重ねが全部自分の力になっているので，しぶとく頑張ってほしいと思う。

――授業では「つながり」を押さえる

極端な話，授業を聞かなくとも具体の結論は全部テキストに書いてあります。だから，結論だけを押さえるなら，授業なんて一切受ける必要はないのです。結論を導き出すための解き方だけにマーカーを引いて確認すればよいのです。

しかし，**理解が弱い人は，授業中に説明された大きな考え方と具体のつながりは聞き逃し，結論だけを頑張って押さえて，マーカーを引いて覚える**のです。だから，丸暗記になってしまうのです。

授業では，「だから，こうなるんだ」，「つながっているんだ」という説明を注意して聞くことができていないと意味がありません。

マニュアル人間という言葉がありますが，こういうタイプの人は結論だけ押さえている傾向にあります。**そもそもなぜそういうマニュアルになっているのかという目的意識がない**のです。「だって，マニュアルにこう書いてあるんですよ」というように，常にマニュアル通りの型で対応してしまうのです。

それこそ，イレギュラーな出来事が起きた時に必要なのは応用力です。その力がなければ，時代が変化した時にそのマニュアルを変える力もありません。

「以前からこういうルールでやっているので」，「前例がこうなので」という言い分は，目的や変化に対する思考停止状態です。

国見健介@cpakunimi語録

壁に直面していたり，上手くいかない場合は，その時は厳しいことも多いと思う。でも後で振り返るとそういう時に，逃げずに前進していると大きな力が身に付く。筋トレと一緒で適切な負荷は成長のためには欠かせない。自分のために，自分を奮い立たせて頑張っていきましょう。

――「なぜ」を放置しない

簿記や会計の学習では，「なぜ貸借対照表と損益計算書は左右で一致するのか」，「なぜ決算整理仕訳は期末に行うのか」，「なぜ簿記の５要素はこの要素で表現するのか」などということに対する**１つひとつの理由もきちんと理解していれば言葉にできる**はずです。

逆に，その理由を「そういうものだから」と覚えてしまっているのでは説明ができません。ロジックが説明できないのであれば，それは理解ができていないことなので，そこを確かめる必要があるのです。

これが，どうしても独学では難しくなる要素です。自分で確かめられないのであれば，授業を受けたり，質問をしたりすることで，**「なぜここってこうなの」というポイントを確かめる**必要があります。

この「なぜ」がわかっていないことを放置せずに，ロジックのつながりやその根本のところを丸暗記しないことです。**根本を丸暗記してしまうと，その下に広がる論点も丸暗記になってしまう**からです。

ただ，最後の枝葉であれば，最悪の場合，覚えてしまってもかまいません。なぜなら，あまり他に影響しないので，結論だけを覚えてしまっても害は少ないためです。しかし，**木の幹に近ければ近いほど，正しく理解しないと，そこから広がるすべての枝葉に影響を及ぼす**ことになります。

だから，複式簿記の原理や連結ってそもそもどう考えるのかといった部分をクリアにしておく必要があります。

「連結会計が苦手です」という相談は究極のところ，「何がわからないのかさえわからない」という状況です。つまり，構造化を諦めて，「何がわからないのかもわからない」ので質問もできないということになってしまいます。連結会計の構造を捉えて，「ここはわかっているけど，ここはわからない」と言えれば，苦手な部分を潰せばよいわけです。

第4節 「自分の言葉」で説明できるまで

―― 思考した分だけ道を極められる

ロジックのつながりは，まさに筋トレと一緒で思考した分だけ増えていきます。だから，理解したことは試験に受かるためだけではなく，他のことにも再現性があり転用できます。

上述したとおり，「道を極めた人」は，**自分のロジックを他の分野にも転用できる**のです。また，よく「頭の回転が早い人」と表現しますが，それは何か物事を捉えた時に物事を構造化して，ロジックのつながりを理解する力が高いということなのです。

もちろん，もともと才能がある人もいるのでしょう。しかし，これは**トレーニング次第で後天的にいくらでも身につけられる力**です。

- ・どうすれば勉強でもっと結果が出せるのか。
- ・計画の立て方はどうすればいいのか。
- ・答案練習（テスト）の現状分析はどうするか。

こういうことを日々考えていけば，違う課題にぶつかった時にも，「どうやって計画を立てようか」，「どこに課題があるのか」と自分のロジックに基づいて思考できるのです。

国見健介@cpakunimi語録

若い時や人生の勝負時の数年間，１つのことに本気で取り組むと本当に大きな力がついて，人生を支えてくれる力が養える。人生トータルではバランスが大切ですが，一時点では１つの事に徹底的に集中するからこそ得られるものがある。何かで突き抜けたい人は一点集中の時期をつくることはお勧めです。

―― ロジカルシンキングは理解が前提にある

論理的なつながりを考えるというと，よくロジカルシンキングやロジックツリーといった手法が挙げられます。ただ，これらは「相手にどうロジカルに伝えるか」という視点が強く，その人自身がそのロジックをすでに理解できている前提の上で成り立っています。つまり，「すでに理解できているものを，どう整理しますか」という話です。

「どう相手にわかりやすく伝えるか」，「どう整理して思考するか」という視点が主軸なので，「そもそもどうやったら理解できるのですか」という根本的な視点からすれば，次のステップに話が飛んで展開されていることが多いです。

その前に，**「そもそも理解とは，大きな考え方と具体をつなぐ仕組みである」と正しく捉える**必要があります。その仕組みさえ理解できれば，ロジカルシンキングやロジックツリーは理解したことの整理手法として効果を発揮すると私は考えています。

そもそも理解の仕方がわかっていないのに，いくら論理的思考を意識してロジックツリーを書いたとしても，上下にあるロジックのつながりを納得できないということになりかねません。

確かに，SNSなどでも，受験生がすごく綺麗に書いたロジックツリーを見かけることもあります。ただ，それも結局のところ，中身についてきちんと納得感を持って理解していなければ，書いただけで満足してしまったり，間違ったロジックツリーになっていたりする可能性もあるのです。

大きな考え方と具体をきちんと理解できた後はそれぞれの因果関係について，ここはすごく強い関係だけど，この関係は弱いという感覚をつかむこともできます。単に上下を線で結ぶだけでは，因果関係の強弱まではわかりません。理解ができているから，ここは強い関係だから太い線にするとか，弱い関係は細く書くといった見せ方ができるようになるのです。

――「わかったつもり」をなくす

実は，**理解したといっても，意外とわかったつもりになってしまっていることが多い**です。「結局のところこういうことだよ」と**人に説明できるかどうかが理解の基準**です。正しい理解のためには，これを繰り返すことでわかったつもりをなくしていく必要があります。

たとえば，「紙で指を切って血が出た。なぜ血が出て，なぜ止まるのかをわかりやすく説明してください」と言われたら意外と言葉に詰まるのではないでしょうか。辛うじて，「血管が切れたから血が流れたんだと思うけど，確か血液の中に血小板というのがあって，それが血を固める作用があるから血が止まったんだと思う」と答えられたとしましょう。

「では，なぜ血小板は血を固めるの？」と突っ込まれると，わかっていないことはさらに多くあります。もちろん，医者や看護師などの専門家であれば答えられるはずです。しかし，一般人なら，結論を知っている程度の理解でも生きていく上でさほど困りません。

単に結論を覚えているだけの場合，典型問題には対応できたとしても，少し問題が変わるだけで対応できなくなってしまいます。**応用力や対応力をつけるのであれば，結論だけではなく理屈も知っておかなければ説明ができない**のです。

勉強に限ったことではありませんが，**大前提として「わかったつもり」になっていることが多いということは意識しておきましょう**。

国見健介@cpakunimi語録

人と比較するのではなく，過去の自分と比較する。自分の可能性を広げることに集中することで，得られる結果がどんどん増えていく。他人に優越感や劣等感を感じている時間は何も生み出さないどころかマイナスが大きいのでもったいない。一度の人生なので，自分たちのやれることに集中です！

―― 完璧にわかったか，わかっていないか

授業で講師から「わかりましたか？」と聞かれた時，どう答えることが多いですか。「なんとなくわかった」，「イメージはついた」というような回答をしているかもしれません。

この質問には，**完璧にわかったか，わかっていないかの 2 つに分けて答えるのがお勧め**です。「それなりにわかっています」という回答はカテゴリーとしては「わかっていない」に入るからです。

因果関係や論理のつながりを踏まえながら，大きな考え方と具体を自分の言葉でわかりやすく，人が納得できるように説明できれば，「完璧にわかった」と言えます。

国見健介@cpakunimi語録

学習中に大切にしてほしいこと

- 基本・土台を大切に
- 疑問点は最初の復習で解決
- 定期的に過去の反復
- 答練の点数にこだわる
- ケアレスミスは同じことをしない対策を
- 適度な休息
- 悩んだら定期的に相談
- 時間ではなくタスクで管理
- 課題に前向きに向き合い適切に修正
- 優先順位を意識

――「わかる，わからない」を因数分解する

学習初期は仕方ないにしても，ずっとどこがわからないかをわからない状態では学習効率が悪いです。**「どこがわかってないのか，どこまではわかっているのか」を自分で因数分解していく**必要があります。

連結会計が何もわからないのであれば，一度それを細かく分析してみましょう。

・企業集団の財務諸表を合算すること自体がわからないのか。

・毎期当期の個別財務諸表から合算する理由がわからないのか。

・毎期過去の連結修正仕訳をやり直すことがわからないのか。

・利益剰余金という表示名が仕訳で出てくるのがわからないのか。

このように，１つずつ因数分解していくと，どこまではわかっているけど，どこがわかっていないかを自分でも落とし込んでいけるはずです。

当然，そこに近道はありません。しかし，**この構造化を先に明らかにしてしまったほうが，後々の学習効率が圧倒的に高まります**。

最初にきちんと理解したほうがよいのは大前提ですが，その理解の手助けをするのが本来の正しい授業です。

たとえば，「人に感謝をしよう」というテーマの授業があるとして，それはあくまで結論を述べているだけです。感謝をすると，どんなメリットがあるかをいろいろな具体を説明し，そのロジックをわかりやすく示すのが授業の役割なのです。あるいは，「なぜ感謝するとよいのか」と自分でなぜを考えるのです。

10個の具体を聞いて，それを強烈に実感できた人は「感謝をする」という行動が増えます。しかし，実感できない人は日々の行動につながりません。**理解していない知識は知っているだけで使いこなせない**のです。

第５節　「理解」から得られる学習効果

―― 自分なりの仮説を作る

何事も，ロジックを自分なりに納得して理解をしていけば無敵です。よく「理解がこれで合ってますか？」と受験生から聞かれることがありますが，**「自分なりの仮説」を作っていれば，それでもうよい**とも言えます。

たとえ，その仮説が間違っていたとしても，どこかでその矛盾に自分で気づく瞬間が来ます。その瞬間に強烈な気づきを得られて，さらに理解が深化していくのです。

逆に言えば，自分なりの仮説を作らない状態だと「理解していないのか，理解しているのか」さえも判断できません。なぜなら，**結論だけをずっと押さえているので矛盾に気づかない**からです。

全部の理解が完璧ではなくても，「自分はこういうロジックで納得している」と組み立てられれば，**その仮説は合っていることのほうが多い**です。

ややスケールの大きな話になりますが，人類には天動説と地動説で論争が巻き起こり，考え方が逆転した歴史があります。天動説では説明がつかないことに気づき，仮説を立て，その説明に人々が納得する瞬間が訪れたわけです。

もし何も仮説を置かずに，「天が動いている」という結論だけを暗記するような人は，現代でも疑問を持たずに「天が動いている」と信じたままかもしれません。しかし，**たとえ仮説でも自分の中で「こうだから，こうなっている」というロジックが組み立てられれば，理解を一歩深めることができる**のです。

——暗記が先か，理解が先か

理屈としては，**理解してから暗記したほうが効率はよい**です。その順番が勉強の王道です。しかし，先に暗記をしておいて，後で理解するということがあっても当然かまいません。その際に気をつけなければいけないのは，後者のほうが勉強時間は確実に多くかかってしまうということです。だから，なるべく最初に理解することを意識して勉強しましょう。

理解を先にする１つのメリットは，暗記の効率が上がる点にもあります。簿記を勉強するとき，複式簿記の大きな考え方をきちんと理解してから，各論を勉強したほうが効率良く進められます。逆に，簿記の各論から勉強を始めて，半年経った頃に「複式簿記の原理って，そもそもそうだったのね！」と初めて気づいたとしましょう。

その瞬間から，大きな考え方と各論が全部つながり始めることになります。**初めから大きな考え方を意識して勉強していた場合に比べれば，具体と抽象の行き来する回数も少なくなり非効率**です。だから，理解をしてから各論を勉強したほうが，学習効果も高まるわけです。

「とりあえず覚えて，後で理解すればいいよね」という意識で取り組むと，どんどん効率は下がっていきます。最初になるべく理解すること。理解することを諦めてはいけません。ただし，理解に時間を使いすぎても仕方がないので，そのバランスは大事にする必要があります。

国見健介@cpakunimi語録

暗記してから理解すればいいという考えに自分は反対です。暗記するにも時間がかかるし，暗記しても理解に繋がらない。まず講義で理解し，その上で暗記が望ましい。なかには諦めて暗記していたら，後でたまたま理解できることもありますが，それが多くなると効率が悪い。理解完璧主義もダメですが。

―― 理解は他論点の学習にも効果が及ぶ

理解を先にするもう１つのメリットは，他の論点に対する理解の効率化という学習効果があります。

試験の本番中，覚えていたはずの知識が思い出せずに焦った経験はありませんか。もし忘れてしまった時も，その分野の大きな考え方と具体から考えて，紐解いていくことができれば，**その場で思い出して解答を導くことができます**。それこそ，応用力や対応力といわれる力です。

勉強に限らず，理解を先にするように努めていれば，他の分野においても再現性が向上します。結果として，すべての物事において，理解を加速させることができるようになります。

日頃から，人から信頼されるために一貫性のある行動を意識している人がいるとすれば，その人の脳内では一貫性という回路が太くなっているはずです。だから，何かあった時に，これは一貫性があるのか，ないのかということに対してすぐに反応できます。

大きな考え方と具体というロジックのつながりは，最初はまるで獣道のようだったものが，理解を進めるにつれて，草が刈られ塗装され，最後には高速道路が完成するようなイメージで作り上げられます。これが理解のメリットだと私は考えています。

国見健介@cpakunimi語録

結果を出すシンプルなルールは，周りの人よりも質も量も高い水準の思考と行動を結果が出るまでやり切ること。このプロセスを省略して結果を出すことは難しい。逆に決意をしてやり抜けば結果は自然と付いてくる。すべて自分との勝負なので，勝負所で結果を出したい時は過去は見ず今からやり抜いていきましょう！

―― 基礎を大事にする

簿記の学習では，簿記検定３級と２級の理解はとても大事です。上述したとおり，このレベルであれば独学で合格する人も多いですが，もし公認会計士試験のような難関資格を目指すのであれば，**暗記に頼った学習になっていなかったかにも注意が必要**です。

もし，土台となる内容を暗記に頼り，大きな考え方が理解できていないのであれば，その後，公認会計士試験の内容を勉強しても，なんとなくスッキリしない，納得感がない状態になる可能性が高いです。思い切って簿記３級や２級レベルの授業を復習し直そうと述べたのはそのためです。つまり，**基礎ほど大事**なのです。

たとえば，ゴルフは最初にクラブの握り方やスイングの基礎を正しく理解してから練習したほうが早く習得できます。しかし，とりあえず打ちっぱなしに行って，見よう見まねでクラブを振るような練習方法では効率が悪く，後々伸び悩む時が来るでしょう。最初からレッスンを受けて正しい方法を教わったほうが，１年後には圧倒的に差がついているはずです。

つまり，基礎が大事なのは勉強に限ったことではありません。**あらゆる物事において基礎を疎かにしてしまうと，非効率の道を自ら選んでいることになります**。勉強はそれが顕著なのかもしれません。

国見健介@cpakunimi語録

他人との比較ではなく，自分の可能性を高めることに集中です。進んだ分だけ，今の自分よりも可能性が広がります。人生は本当に長いので，焦らず進んでいきましょう！　一度の人生です。一人ひとり状況も前提も違うけど，自分が後悔しないように進んでほしい。

――そもそも自分はどうなりたいか

「そもそもなぜ公認会計士の受験勉強をしているのか」といえば，究極のところ「幸せな人生を送るため」なのではないでしょうか。

世界的に見て，日本人の幸福度は低いと言われます。それは，「自分がどう生きたくて，どういう人でありたいのか」をあまり考えないからではないかと私は思っています。

上述したとおり，昔は就職して会社や上司の指示に従って仕事をしていれば，それなりに幸せな生活を送れていたかもしれません。しかし，これからの時代は違います。国にも組織にも依存できる時代ではありません。

だからこそ，**「そもそも自分がどう生きたくて，どういう人間になりたいのか」**をしっかり考えて，自分自身の大きな考え方に基づいた生き方をすれば，幸福度は高まるのではないでしょうか。しかし，「普通はこうだから」という世の中の評価基準や既成概念に縛られて生きると幸福感は得られません。

受験勉強でも**「自分は会計士になりたい。今，自分の現状はこうだ。だから，こういうアプローチでこの力を強化しているんだ」**というように，自分が今やっている取り組み方をロジカルに説明できるはずです。そこが説明できないと，場当たり的に「なんとなく勉強頑張っています」，「とりあえず頑張ります」という意識になるので学習効果は下がってしまいます。

国見健介@cpakunimi語録

圧倒的な量をこなし，やりながら質を徹底的に追求し，壁にぶつかってもしぶとく結果を出すまで前向きに継続する。どの分野でも突き抜けるために大切なことだと思う。そのために，意識の矢印を他人ではなく自分に向け，自分の目標や課題に本気で向き合う。一度の人生欲張りに充実させていきましょう！

――「学ぶ力」は大きな財産

受験生には，「全体の学習範囲のうち，自分が今どこを勉強しているのかを意識するように」とアドバイスすることも多いです。それも具体から大きな考え方に戻って考えられているかどうかの確認のためです。

ロジックのつながりは，先人たちによって解明されていることがほとんどです。だから，それを学ばないのは非常にもったいないです。

とくに人は感情で最後は判断してしまう生き物です。だからこそ，**何事もロジックを構造的に捉えて，より論理を大事にしていかなければ感情だけで生きていく**ことになってしまいます。

もちろん，ロジカル過ぎると人間的な魅力もなくなるので，最後は感情も踏まえて判断できれば理想的なのかもしれません。

「理屈ではわかるけどそれは嫌だ」という人に対して無理強いすることはできません。ただ，理屈をきちんと整理することによって，少なくとも嫌ではなくなる可能性もあります。だから，ロジックをしっかり整理する力は大事なのです。

また，公認会計士の資格取得を目指すという意味では，「会計士になった」という目標達成はとても大事なことです。しかし，それ以上に，**その試験勉強を通じて，「学ぶ力が高まった」ことのほうが，今後の長い人生において大きな財産になる**ことでしょう。

国見健介@cpakunimi語録

会計人材は，どの分野でも本当に人手不足です。公認会計士はもちろん，経理・財務・税務などの知識をビジネスの発展に活かせる方はキャリアの選択が本当に多くあります。今勉強している人は安心してください。変化の速い時代でもニーズが高く，感覚では供給の何倍もニーズがあると思っています。

第3章を読んだ後にオススメ関連動画

YouTube「CPAくにみんチャンネル」では，仕事や人生の可能性を高めるために有用な内容を，とくに会計プロフェッションの皆さんや受験勉強中の皆さんに向けて配信しています。

「理解の3つのポイントと4つのメリット！」

https://www.youtube.com/watch?v=Qu9Gwtm8KKA&t=39s

第 4 章

「暗記」と向き合う

第1節　覚える前のマインドセット

――理解を意識する

本章では暗記についてとりあげますが，覚える前に意識しておきたいことを，ここまでのおさらいも含めて本節でお伝えします。

前章で繰り返してきたとおり，「理解」は暗記にも通じます。だから，**真正面から理解と向き合うほうが，最終的には暗記の効率が上がります**。

その上，もし試験本番で覚えたはずのことを忘れてしまっても，**思い出す糸口を見つけやすくなり，解いたことのない問題への対応力も上がります**。

それはまるで，脳内でロジックの網目が広がり，縦横無尽に結びついていくようなイメージに似ているかもしれません。勉強するときには，そういったロジックの網目を作っていると想像してみてください。

理解が正しい人はこの網目が密なので，全く異なる分野に関することでも「それってこれと一緒なのでは？」と閃き，理解が加速します。

しかし，普段から物事を考えるクセがない人はこの網目が粗いので，自分のロジックに当てはまらないことがあれば，すぐに「わからない」とお手上げ状態になってしまいます。

ロジックを知れば知るほど新しい知識の理解が深まり，加速し，可能性が広がります。理解は暗記するうえでも大事なことであることを再度念頭に置いておきましょう。

―― より難易度の高い資格を目指すには

簿記3級合格だけを目指すなら，仕訳暗記で乗り切ることもできます。しかし，**より上位級や公認会計士試験のような国家資格を目指すなら，なおさら理解への意識に切り替える必要があります**。

上述のとおり，ロジックには階層があります。難しい論点になればなるほど階層が深くなります。その時，「ここは覚えてしまってもいいですよ」，「この論点のこの処理はここでしか使わないから，どうしても理解できなければ暗記でもいいです」と説明することはあります。しかし，**さまざまな論点に関わる上層のロジックから暗記をしてしまうと，その下の階層すべてについて暗記で対応しなければなりません**。

そうならないためには，今勉強している論点がどの階層なのかを見極めて，きちんと理解することです。簿記3級で「仕入(しいれ)，繰商(くりしょう)，繰商(くりしょう)，仕入(しいれ)」と覚えた仕訳のままでは，「そもそも決算整理仕訳とは何か」，「なぜ期中では仕入として処理し，決算で売上原価を算定しているのか」を理解せずに暗記している状態になってしまいます。しかし，「仕入と売上原価はなぜ違うのか」，「なぜ決算整理で行うのか」という大きな考え方を心から納得できていれば，仕訳も自然と頭に浮かぶようになるのです。

簿記3級レベルなら，仕訳を暗記すれば問題を解けます。しかし，それは**解けたように映るだけで，実のところ理解はできていません**。なんとか暗記で乗り切っても，正しい理解ができていないのでその先につながりません。

さらにいえば，そのような理解の状態で仕事に就いても，知識を使いこなすことができず，仕事では評価されません。理解と正しく向き合わないと，すべて遠回りになります。

―― ケアレスミスの根源は理解不足

学習が進むとケアレスミスに悩むようになります。よく「反復演習すればケアレスミスがなくなる」という声もありますが，それは単なる根性論で根本解決にはなりません。

先ほど，理解は暗記に通ずると言いましたが，**ケアレスミスは「理解の弱さ」から起きていることも多い**のです。なぜなら，ロジックさえ正しく理解できていれば，問題を解いているときにも，そのロジックを無意識にイメージしながら自動的に解いていけるようになるからです。

たとえば，退職給付会計という論点でも，「退職給付引当金は長期で払うから，社員が辞めた時はこれくらい払うのだろうけど，今の価値に直したらこうなるよね」というロジックを正しく理解できている人は，無意識にもこのロジックをイメージしながら解いています。だから，「利息費用を加味するのを忘れてしまった！」なんていうミスはほぼなくなるはずです。

理解と徹底的に向き合うことは，ケアレスミスを減らすことにも良い効果をもたらします。

その上で，理解に起因しないケアレスミスは「同じミスをしないようにするにはどうすればよいか」という対策を講じることで回避できます。集計ミスをしてしまうなら集計する数値は必ず丸で囲む，集計時に斜線で消す。電卓の入力ミスが多いのであれば液晶を見ながら丁寧に計算する。このように，どうすれば同じミスをしないかを考えて対策を講じるしかありません。**ケアレスミスが一向になくならない人は，そもそも理解が弱いか，あるいは対策を講じていないかが多いです。**

――「忘却曲線」の誤解

いざ暗記をしようというとき，「忘却曲線」を意識して取り組む人も多いです。しかし，エビングハウスの忘却曲線は無意味な音節のように，ロジックの全く成立しないものを単純暗記した時の実験結果であることをご存知でしょうか。

たとえば，ランダムな100桁の数字を覚えた場合，翌日には約66％忘れ，1週間後には約77％忘れるということを表した曲線なのです（正確には再度覚え直すのに節約できる時間の割合を示しています）。しかし，**理解したものは忘却曲線どおりのスピードで忘れるわけではありません**。

たとえば，「次の100桁の数字を覚えてください。123123123123123123…」と読み上げられたとしましょう。

そこで，「あ，これは1～3までの繰り返しだ！」と気づき理屈を納得できれば，この時点でその数字は覚えられたはずです。

そして，1週間後に「あの100桁の数字を覚えてる？」と聞かれても，「123123123…でしたよ」と答えられることでしょう。つまり，ロジックを理解したものは1週間経っても記憶に残り簡単には忘れません。

しかし，仮にこの数字がランダムなものだったら，1週間後にはすっかり忘れて思い出す糸口さえ見つけられないはずです。勉強というと，**多くの人が単純暗記のほうに力を注いで気合で覚えようとしています**。それで覚えたつもりになって「完璧にできるようになった」と言うのですが，それは自分の実力を正しく認識できていないことと同じです。

―― なぜ暗記が必要なのか

受験生からは**「実務では調べることができるので，わざわざ暗記しなくてもいいのでは」**とよく聞かれることがあります。

しかし，全く暗記をしていない状態では，すべてのことを毎回調べなければならず非常に効率が悪いです。専門家としてハイレベルな判断を求められ，いち早く対応しなければならないときもあります。

そのようなシチュエーションで，いちいち全部を調べ，大事なポイントを思い出しながら，課題に向き合っていてはものすごく時間がかかり，迅速に的確な判断はできません。だから，**最低限の暗記は実務でも必要なこと**なのです。

とはいえ，実務なら調べれば済む話まで，試験対策としては暗記しなければならないということは当然あります。そこは試験合格のために必要なことだと割り切ってもらえればと思いますが，重要事項の暗記は合格後にも活きることは忘れないでおきましょう。

国見健介@cpakunimi語録

勉強も仕事も人間関係も，短期的な結果や事象に一喜一憂するのではなく，中長期視点で真の実力の習得を大切にするのがお勧め。本質を見極め，優先順位を正しく，継続的に取り組めるか。物事の本質は共通事項が多いので，1つを極めていくと他にも活用できるのでどんどん効果が高まる。学びは宝です。

―― どのように整理するか

暗記において，理解以外のポイントで結果が出る人と出ない人との差はどこに現れるのでしょうか。それは**必要な結論を「整理して覚えきる力」に長けているかどうか**という点にあります。

どういうことかというと，覚えなければならない結論について，**「その問題を解く際の注意点まで含めて，暗記事項を整理しきれているか」**を大事にしています。その上で，それらを覚えきるという意識を持っているということです。

単語帳で1,000個の英単語を覚える場合，その単語帳には英単語が覚えやすく整理されている状態で与えられています。

簿記の勉強で言えば，現金預金の論点が仮に72個あるとした場合に，結果が出ない人はそれらを一切整理せずに覚えようとしている状態であることが多いです。一生懸命に勉強をしているけど点数が上がらないのは，72個ある論点のうち50個しか覚えておらず，22個の論点がそもそも手つかずになっているせいかもしれません。

では，具体的にどう整理すればよいでしょうか。たとえば，テキストで説明されている**「暗記しなければいけない事項」に色を決めてマーカーをしましょう**。その上で，問題を解いたときに**「こういう引っかけ問題で間違えてしまった」というメモも書き加え，そのメモも暗記事項に含めていく**のです。このように自分で整理すれば，学習効果が高まります。

ここまで，暗記する前に意識してほしい心構えをお話ししました。本節でお伝えした意識をもって，次節から紹介する暗記方法を実践してみるとよいでしょう。

第2節　ロジックを理解して暗記する

――「意味記憶」を意識する

上述したとおり，忘却曲線はロジックが全くないものを単純暗記することが前提です。覚えたことをどれだけ忘れるかではなく，同じことを覚えるのにどれだけの時間を節約できるかという視点が本来的な意味です。

「何度やっても覚えられない」という悩みは，文字どおり，ただ覚えているだけだからです。**理解することを常に意識すれば，意味記憶につながり覚え続けられる**ようになります。ロジックを理解すれば，忘却曲線ほど暗記の時間はかかりません。

たとえば，同じ内容の文章がフランス語と日本語でＡ４用紙１枚分あり，「これを１時間で覚えてください」と渡されたとします。日本語の文章は意味がわかるのでそれなりに覚えられるでしょう。しかし，フランス語の文章はフランス語に長けていなければ意味がとれず，スペルをただ覚えることになるため単純暗記になります。すると，同じ時間でも覚えられる量に差が出てきます。

さらには，１週間後に抜き打ちテストが行われたら，フランス語の文章はかろうじて最初の数文字を書けたとしても，単純暗記なので大部分を忘れている可能性が高いです。一方で，日本語の文章は頭の中に意味が残っていれば大まかな内容は書けるでしょう。

簿記でいえば，「なぜ左側を借方，右側を貸方と呼ぶのか」には意味がなく単純暗記です。しかし，多くは会計に関する実務的な内容なので，ほぼ何らかの意味があります。**「単に覚える」という要素は思っている以上に少ない**です。その意味をなるべく理解することで，暗記の負担を軽くすることができます。

――「エピソード記憶」を意識する

記憶術は大きく２つに分かれます。１つが先ほどの**意味記憶**です。これはロジックやストーリーといった意味の理解を意識することで暗記につなげるという発想です。

もう１つが**エピソード記憶**です。これは**自分なりのエピソードを作って覚える**というやり方です。勉強をしていると，どうしても単純暗記をせざるをえないことがあります。そういったときにオススメの方法です。

例えば，「目の前にあるペットボトルとスマホ，重要書類，マーカーペンという４つの物を覚えてください」というお題が与えられたとしましょう。

そこで，この４つを覚えるために，「“マーカーペン”で“ペットボトル”を突いたら中身がこぼれて，大事な“重要書類”が濡れたので，“スマホ”で電話をかけて相手に謝った」というエピソードを自分なりに作り上げます。

きっと，このエピソードはかなり強引で変な印象を受けるでしょう。しかし，無理矢理でもエピソードを作ってしまえば，記憶に残りやすく，このエピソードを糸口に４つの物を思い出すきっかけになるはずです。

それ以外に，「語呂合わせ」も暗記方法として有名ですが，これも語呂という形で**何かしらのロジックやエピソードを作り上げて覚えやすくする方法**です。単純暗記ではなく，できるだけロジックや意味，エピソードがある形に作り上げて，なるべくそのロジックを理解してしまったほうが覚えやすいです。

――「ロジックツリー」を意識する

専門性が高くなればなるほど，ロジックを強く意識する必要があります。

たとえば，公認会計士試験には短答式試験（マークシート形式）と論文式試験（記述形式）の２段階あり，両方に合格しなければなりません。短答式試験では，結論に対するマルかバツかさえ覚えていればなんとかなることもあります。そういった意味では気合で暗記して乗り切れる可能性もあります。

しかし，それでは論文式試験には通用しません。なぜなら，各論点に対する理解が問われるからです。各論点において，ＡになったらＢになる，ＢだからＣになるといった**ロジックのストーリーまで理解しなければ論文式試験には対応できません。**

この点が，公認会計士試験の短答式と論文式の大きな違いです。

文章を１つひとつ覚えることよりも，ロジックの骨格であるストーリーを強く意識しましょう。そのときにはロジックツリーが役立ちます。

公認会計士試験に合格するためには，最終的にはロジックのストーリーまで暗記する必要があります。

■単純な構造と複雑な構造（再掲）

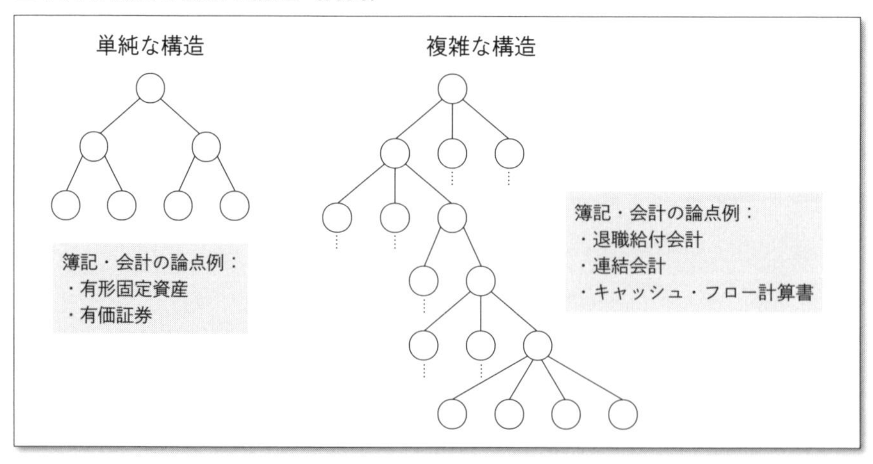

――「高速暗記」と「じっくり暗記」

たとえば簿記の現金預金という論点で，テキストの問題，個別計算問題集，実践問題集，模試などをすべて解き直そうとすると２時間以上かかります。他にも学習しなければならない論点や科目があるので，現金預金だけに何度も時間を割くことは難しいでしょう。

そこで，学習効果を高めるために**「高速暗記」と「じっくり暗記」を組み合わせるのがお勧め**です。ここで言う高速暗記とは５分でテキスト１章分などをパッと覚える方法で，じっくり暗記とは２時間かけてじっくり問題を解くことです。具体的には，以下のとおりです。

・毎月１回，５分の高速暗記を行う。

・３ヵ月～４ヵ月に１回，２時間かけてじっくり問題を解く。

そうすると，１年間で高速暗記を12回，じっくり暗記に３～４回取り組むことになります。高速暗記で，テキストの１章を５～10分で覚えることができれば，300分で30～40章分は回転できます。つまり，**反復の際は「じっくり・高速」を意識して回転させるとよい**でしょう。

暗記には回転数も大切です。最終的には20回も30回も反復しないと誰だって覚えられません。新しく学んだ論点を，たとえば最初の１ヵ月で３回程度復習したら，その後は資格スクールで行われる答練の前に全部を高速暗記するようにしてもよいでしょう。

テストのたびに５～６時間使って高速暗記で覚えていくと，毎月１回は反復できるはずです。毎回２時間かけて問題を解く必要はありません。しかし，高速ゆえに暗記すべき項目や大事な視点が抜けていることもあります。そこで，３～４ヵ月に１回はすべての問題をじっくり解いて本当に解けるかを試します。

じっくり暗記で解けなかったポイントは高速暗記の項目に加えましょう。上述したとおり，その項目には問題を解く際の注意点も含めてリストアップしていくとよいでしょう。

――「数」をまとめる

会計の論点で，自社利用目的のソフトウェアは償却年数が５年，販売目的のソフトウェアは償却年数が３年というルールがあります。

この長短には，「自分で買ったITソフトは多少型落ちしても長く使うことがある。でも，お店で販売しているITソフトは新しいバージョンが出たら，古いバージョンは売れなくなる。だから市場で売るITソフトのほうが寿命は短い」というロジックが考えられます。しかし，「３年・５年」という数字は会計基準で決められたことなのでとくにロジックはありません。

こういう場合，たとえば私ならゲームソフトの三国志が好きなので，そのイメージとつなげて「償却年数は三（３）国（５）志」と強引なストーリーを作って覚えてしまいます。そうすれば，上述した単純暗記ではなくなり覚えやすくなります。

また，**何らかの共通項を見つけて整理すると，暗記すべき事項を減らすことができます**。整理できたらその「数」を覚えてしまうというのもテクニックの１つです。

たとえば，簿記の論点で「現金の範囲」は通貨以外に，小切手や配当金領収証などがあります。それを１つひとつ覚えるのではなく，先に「現金の範囲は９個」と**整理してその数を覚えてしまう**のです。そうすれば「現金の９個って何か？」から記憶をたどれるようになります。中身を全部覚えるよりも，「数」を先に覚えてしまったほうが覚えやすくなります。

国見健介@cpakunimi語録

理解をして自分で納得したものは，本番までに10回以上反復して徹底的に暗記します。この暗記は直前３ヵ月頃から比重を高め，直前２ヵ月は徹底的に高速回転で覚えこみます。最後は暗記が大切ですが，その土台となる理解がないと実力を大きく伸ばすことが難しくなります。両方強化です！

—— 反復の目安

脳は基本的には入ってきた情報を忘れるようにできていると言われます。なぜなら，入ってくる情報が多すぎて脳がパンクしてしまうからです。だから，「生きていくために必要な情報だ」と，脳に繰り返し伝えていかなければ長期記憶になりません。だから，反復は暗記に必要不可欠なのです。

目安として，**最初は少なくとも月に3回程度，学んだ内容を反復すると長期記憶に入りやすくなります**。具体的には，授業を受けた直後または次の日，1週間後，そして1ヵ月後というような学習スケジュールです。

その後は，毎月1回でよいので定期的に反復していけば，公認会計士試験なら本試験までに15～20回は反復できるはずです。これを1つの目安にすれば反復回数が足りないことはないでしょう。

ただ，**反復の話をすると忘却曲線を思い出す人が必ずいます**。しかし，上述したとおり，ロジックを理解できていれば忘却曲線ほどには忘れないはずです。逆に，**もし忘却曲線と同じペースで勉強しても覚えられないのであれば，そもそも理解せずに覚えようとしている状態なので，やり方を見直す必要があります**。

国見健介@cpakunimi語録

直前答練と模試は，
・解ける問題を確実に解く
・飛ばす問題の選択を経験する
・暗記の精度不足の確認　を大切にして受けてほしい。
ケアレスミスをどう減らすか，時間配分をどうするか，残り期間で暗記の精度をどう高めるのか。目的意識を明確にして取り組みましょう!!

第3節　暗記はアウトプットで強化される

――脳から引き出せるか

暗記というと，ひたすらインプットに励む人は多いです。しかし，**学習効果を高めるには「脳から引き出せるか」を意識すること**です。なぜなら，暗記はインプットよりアウトプットで強化されるからです。アウトプットとは，覚えたことを何も見ないで脳から引き出せる状態のことです。

しかし，英単語帳を見ながら「ふむふむ」と覚えている気になっている状態は，一番やってはいけないことです。本当に覚えようとしている時は，英単語帳を赤シートで隠して英単語が言えるか，一度「思い出すこと」を試みているはずです。そして，思い出せなかったら赤シートをズラして確認して，また思い出せるか試す。これを繰り返すことで暗記を高めていきます。つまり，暗記は引き出す練習をしなければ強化されません。

問題を解くことは，脳の中から引き出す練習なので一番効果を実感しやすい方法でしょう。しかし，いつも問題を解けるわけではありません。

そこで，問題を解く代わりになる方法で，**脳から引き出す練習を短時間でも増やしていきましょう**。たとえば，テキストで暗記事項を確認したら，一度目を閉じて思い出せるか試してみるのです。その小さなステップの積み重ねが脳から引き出す力を強化することにつながります。

国見健介@cpakunimi語録

暗記する時は，実際の問題をイメージして，何をどの精度で覚えれば問題ないのかを大切にするといいと思います。論点の重要性も大切ですが，その論点の何を覚えていないといけないのかを，実践を意識しながら強弱を付けていきましょう！ 理論でもとても大切な視点だと思います。

―― テスト効果

テストを受けることは暗記効果を高めます。なぜなら，**何も見ないで脳から引き出せるかを試すことができるから**です。これは「テスト効果」といわれます。

さらには，テスト問題が解けなかったとき，強烈に印象に残るため，エピソード記憶にもつながりやすくなります。つまり，「あの問題をこのように間違えて悔しかった」という感情が残ることで忘れにくくなります。

このテスト効果については，テストを全く受けない人と受ける人では，テストを受けた人のほうが圧倒的に成績は伸びるという実験結果もあるほどです。

中学受験や高校・大学受験でも，資格取得のためのスクールでも，テストを実施しない学校はほぼありません。ところが，受講生の自主性に任せると，テストを受けない人は意外と多いです。「必ず受けましょう」と講師が何度呼びかけても，受けない人が必ず一定数います。

私の経験値としては，100人の合格者がいたら，90人はテストを受けたことのある人たちで，残り10人はテストを受けなくても合格する地頭の良い人たちという印象です。

勉強が間に合っていないから，テストが受けられない。勉強が間に合っていないと，受けるモチベーションが起きない。逆に，テストを目標にして覚えることができている。理由はさまざま考えられます。しかし，それ以上にテスト効果は軽視できません。

どの資格スクールでも，本試験までに何度もテストが実施されます。それをすべて受ければ，**大事な論点を何回もアウトプットする機会を得られます**。それだけでもテスト効果を得られるのです。合格の可能性を高めたいなら，必ず答案練習を受けるようにしましょう。

―― 自己テスト

私がよくオススメしている方法が，先ほどのテスト効果を応用した「自己テスト」です。

自己テストは「5分間，何も見ないで言えるかを自分で試す」という方法です。テストを受けることは時間も必要なので，そのデメリットをカバーすることもできますし，場所を問わずどこでもできます。たとえばシャワーを浴びている5分間で，「今日は現金預金について，明日はリース会計について」といったように，論点を決めて自己テストしていくのです。

自己テストの良いところは，シャワー中や移動中などのスキマ時間に**何も見ていない状態で言えないと，「何だったっけ…？」とモヤモヤが残る**ところです。シャワーを浴び終わった後に，テキストを開いて「あ！　そうだった!!」とつながる瞬間が，疑似テスト効果として得られるはずです。思い出せずに悔しくて感情が揺さぶられるので，エピソード記憶にもつながりやすいです。

単にテキストを「ふむふむ」と読んでいるだけだと，さほど感情は揺さぶられず覚えづらいはずです。それは「1週間前の月曜日に食べたランチを思い出してください」と言われてもほぼ覚えていないことと似ています。

しかし，3年前の大切な記念日のディナーは思い出せるのではないでしょうか。それは感情が動いているからです。嬉しかったり，悲しかったりしたことは強烈に記憶に残るようになっています。だから，「テストで間違えた！　悔しい!!」とか，この自己テストで「思い出せなかった！」といったような，感情を揺さぶる機会を増やすことです。暗記では「テスト効果」と「自己テスト」を意識するとよいでしょう。

―― スキマ時間にモヤモヤする

上述したとおり，「あれは何だったかな？」と，モヤモヤと気になってからテキストを開いて確認するほうが記憶には残りやすいです。しかし，難しいのが，いつモヤモヤするかが大切です。**間隔をあまり空けすぎると，逆に学習効率は下がる**ということです。

モヤモヤする時間を作るにはスキマ時間が最適です。普段，机に向かって勉強しているときは，悩んだら解答を見てしまってかまいません。

歩いている時間，ホームで電車を待っている時間，シャワーを浴びている時間といった，すぐに答えが確認できないようなちょっとした時間に５分でテキスト１章分を復習することも可能なはずです。そうすると，１ヵ月あればスキマ時間に高速暗記で30章分を１周することができるようになります。

スキマ時間をうまく使うと，「高速暗記」を効果的に行えて，「自己テスト効果」も高まります。

他にも，寝ている間に記憶は整理されるので，寝る前の暗記は効果が高いといわれます。毎晩，布団に入った時に自己テストをして，モヤモヤが残った内容は翌朝，確認するという習慣をつけてもよいでしょう。ただ，モヤモヤしすぎると脳が興奮して寝られなくなるので注意しましょう。

国見健介@cpakunimi語録

直前期は暗記！

・暗記に集中

・回転数を上げる

・重要性に基づく強弱

・点数を取るために必要な事項に集中

・絶対に覚えきるという気持ち

まだまだ徹底的に暗記できる。ファイトです!!

第4章を読んだ後にオススメ関連動画

YouTube「CPAくにみんチャンネル」では，仕事や人生の可能性を高めるために有用な内容を，とくに会計プロフェッションの皆さんや受験勉強中の皆さんに向けて配信しています。

「効率的な暗記法　厳選5つのポイント！」

https://www.youtube.com/watch?v=SqoooZKeUKs&t=29s

第5章

「学習計画」を考える

第１節　計画を立てる前に考えること

――無計画は失敗のもと

実は意外と学習計画を立てない人も多いです。しかし，それは適当に進むということであり，失敗を意味します。計画を立てない時点でうまくいく可能性を自ら潰しています。

たとえば，「今から東京を出て鹿児島に向かってください」と言われたら，まずどうすれば最短で行けるかを計画するでしょう。何の計画も立てないことは，電車の時刻も調べず，「鹿児島だから，とりあえず羽田空港に行けばいいかな」という感覚で家を出るようなものです。それでも目的地には少しずつでも近づいていけるでしょう。しかし，電車の乗り継ぎが悪かったり，飛行機が満席だったり，最短で行くには失敗する可能性は高いです。

受験生の中には，「計画を立てるのが苦手」という人もいます。しかし，計画を立てること自体が苦手である人は，本来いないはずです。なぜなら，**タスクを列挙して，それにかかる時間を推測して当てはめればよいだけ**だからです。だから，計画を作るのが苦手なのではなく，「そもそも計画を立てる気がない」，「計画を立てる重要性を認識していない」だけなのです。

国見健介@cpakunimi語録

人生は本当に長いので，30歳からでも40歳からでもいくらでも大きく変えることができる。自分の可能性に蓋をしてしまうのは，自分の思考と気持ちなので，何歳からでもチャレンジしていきたいですね。人はいつからでも，どこでも，自分次第で変われるので，理想の未来をイメージして進んで行きましょう！

―― 学習計画はタスクベース

いざ学習計画を立てるとき，必ずタスクベースで考えることです。**まずは「やるべきこと」を全部，列挙**しましょう。その時点で考えつく限りの「こういうことをすれば，きっと大丈夫」というタスクを挙げていくのです。これには，反復する回数も含みます。

その上で，それらの**タスクを以下の４つのカテゴリに分類して整理**します。

■学習計画におけるカテゴリ

①必ずやらないといけない。
②可能ならやったほうがいい。
③本当に余裕があればやったらいい。
④やらなくていい。

そして，**これらを自分が勉強に使える持ち時間に配分**します。たとえば，試験まで残り９ヵ月だったら，列挙したタスクが終わるように９分の１ずつの量を毎月のタスクに配分をするのです。さらに，それを１週間ごとのタスクに分けます。

学習計画を立てるときにはまずこのやるべきタスクをベースにしっかり整理しましょう。

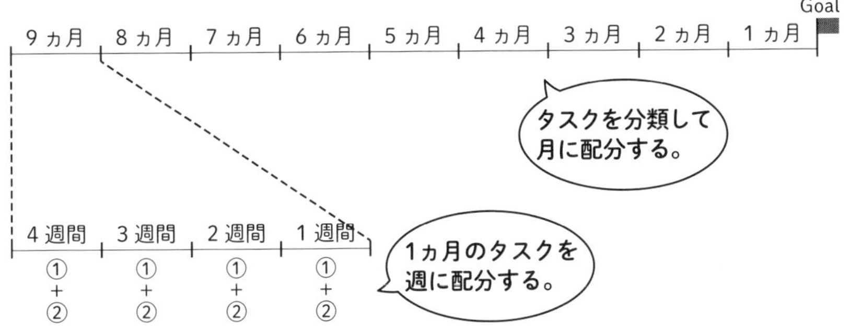

——時間を予測する

うまく計画が立てられない人は，目の前のことをとにかくやってみた結果，大事なところが終わらないという状態になりがちです。

そうではなくて，「受験生としてこれは必ずやらないといけない」レベルと「ここまでは可能ならやったほうがいい」レベルまできちんと終わるように計画を立てるという発想に切り替えましょう。

タスクを列挙したら，**もう１つ考えることは「そのタスクをこなすのにどれくらいの時間がかかるか」という予測**です。そうすると，終わらせるための量が決まってくるので，どうしても終わらなければ何かを削る必要があります。

すべての試験範囲を完ぺきに終わらせることはできません。優先順位が高いものからタスクベースで計画を立てて時間を充てるのです。

計画を立てるのが苦手な方は，時間の予測に大きなズレが生じていることがあります。今日やるべきことの半分も終わらなかったなどの大きなズレは，そもそも時間の予測を間違えている可能性があります。そこに気づいた段階で適時修正を行うことも重要です。

国見健介@cpakunimi語録

理解する→暗記事項を整理する→反復して暗記する。12月に会計士短答式試験を受ける方は，９月までに全科目において，「暗記事項を整理する」までは終わらせ，可能な限り「計算科目の反復」まで進めるのがお勧めです。理論科目の反復と暗記は10月以降に本気を出しましょう！

第２節 優先順位を見極める

――「見える情報」を活かす

では，「優先順位」をどう考えるとよいでしょうか。

「東京から鹿児島に行く」ならば，必要な情報は簡単に集めることができるでしょう。しかし，はじめて挑む試験の受験勉強は，どんな情報が必要かさえわからないかもしれません。

資格試験の勉強の場合，「スタート地点からゴールが見えず，そもそも学習の全体量がわからないので，やらないといけないこと自体が挙げられない」という人もいます。この全体が見えない場合は，**「見えていないところ」と「見えているところ」をまずは明確にすることから始めてみる**のです。

たとえば，資格スクールでは**何分の授業が何回行われるのか**，カリキュラムは見えているはずです。それは，資格スクールのホームページで調べれば必ずわかります。他にも，**テキストがトータルで何ページあるのか**も見えます。

もちろん，実際に勉強をしてみないと正確な情報はわかりづらいです。２年後に行われる会計士試験を目指す場合，合格する力を身につけるまでどれくらいの時間がかかるかは最初はわからないでしょう。

しかし，**スタート時点でわかることをベースに計画を立てて実行すれば，徐々に見えるようになってきます**。そうすれば，そこでまた最新の情報に基づいて計画を微修正していけばよいのです。

「よくわからない」という理由で計画を立てないのではなく，見える情報をきちんと生かしながらその時に立てられるベストな計画を立てましょう。

――「見えない情報」は進めば見えるようになる

では，「見えていないところ」はどうするのでしょうか。

受験勉強に限らず，**今後の人生におけるチャレンジでは，わからない情報がますます増えてくる**でしょう。とくにビジネス社会においては，予測不可能な要素が多岐にわたります。

それに比べれば，受験勉強は計画を立てやすいものです。なぜなら，外部環境にさほど影響されないからです。

仕事であれば，一緒に働くチームメンバーや取引先，世の中の動きなどいろいろな要素がありますが，受験勉強自体は，極論をいえば，**個人で管理できる要素が中心**です。

それにも関わらず学習計画が立てられないということであれば，もっと要素の多い仕事では業務計画が立てられないということになります。

確かに，授業の復習にどれくらい時間がかかるかは，実際に授業を５回，10回と受けてみなければわかりません。それだったら，まずは授業を５回，10回受けてしまえばよいのです。そうすると，**それまで見えなかった情報も「ここまで進めば見える」ということが体感できる**はずです。

国見健介@cpakunimi語録

勉強中に私がやっていた両立方法は，まず最優先で勉強のスケジュールを埋める。その他の時間で他の予定を埋める。これだけで勉強のスケジュールが予定通り進みやすくなる。
「空いてる時間に勉強しよう」だとズルズルいきやすい。もちろん学校や仕事など外せない予定は優先した上で，強制的に学習を優先。

国見健介@cpakunimi語録

何千人という受講生の皆さんやOB・OGの皆さんの相談に乗り続けてきて感じる，成長し可能性を広げ，充実感を感じている人と，成長せず，可能性を諦め，不満を感じ続けている人の差。一度の人生なので成長して充実感を感じられる自分になっていくのがお勧めです。

伸びる人
・ないものではなく，あるものから得る。 ・原因自分説で自分の改善点に集中する。 ・素直さがあり，改善する力がある。 ・自分の可能性を信じている。 ・失敗を恐れないでチャレンジする。 ・本質に目を向ける。 ・甘えん坊だけど，甘え上手。 ・視座を上げる意識を持っている。 ・周りの幸せを喜び，周りの不幸を悲しむ。 ・自分の欠点を理解し，他人の欠点にも寛容。 ・物事を柔軟に多角的に観ようとする。 ・高い目標を設定する。
伸びない人
・あるものから得ず，ないものに不満を言う。 ・原因他人説で他人の批判に集中する。 ・頑固で，我流に固執する。 ・自分の可能性を諦めている。 ・失敗を避けるのでチャレンジしない。 ・表面に目を向ける。 ・甘えん坊で，甘え下手。 ・視座を上げようとしない。 ・周りの幸せに嫉妬し，周りの不幸を喜ぶ。 ・自分の欠点を棚に上げ，人の欠点に厳しい。 ・思い込みが激しく，自分の視点からのみ観ようとする。 ・自信がない，または，目標があいまい。

――「満たすべき力」を意識して計画する

計画を立てるときには，**「満たすべき力」や「理想の状態になるための力」をイメージ**しましょう。これはスタート時点では自分でわからないことなので，わかる人に聞いてしまうのが手っ取り早いです。

勉強であれば当然，理解と暗記が軸になります。「どのくらいの理解と暗記をしていればよいのか」をわかる人に聞いてみましょう。公認会計士試験の受験勉強なら，「答案練習（テスト）で，毎回高得点が取れる状態になるように，理解と暗記のレベルを上げるといいよ」というアドバイスになるでしょう。

答案練習をまだ一度も受けていないと想像できませんが，**何回か受けるうちに復習時間が予測できるようになり，テストで合格点以上を取るためのイメージもついてきます**。

その段階で今までの計画を修正します。もしかしたら計画の9割がムダだったとまではいかなくても，半分ほどを修正するかもしれません。むしろ**学習計画は本番までに50回以上は修正するものだと認識**しておきましょう。完璧な計画をはじめから立てるというより，計画の大枠を組み立てておいて，細部は徐々に修正し続けるといったイメージです。なので，あまり細かく立てる必要はありません。

会計士受験生なら，週に何回授業を受けて，その内容をきちんと復習して，テストで合格点を取るという計画を立てます。その結果，「もう少し勉強時間を増やさなければいけないな」，「もう少し学習効率を上げたい」と思えば，どう修正するかを考えることになります。

国見健介@cpakunimi語録

気にしても変わらないこと，自分がコントロールできないことに時間も思考も使わない。何をやるか以上に何をしないかを適切に選択できることは大切だと思います。

――「絶対やるべきこと」を意識して計画する

計画を立てるときに意識すべきもう１つは，**時間や量を目標にしないこと**です。「10時間勉強します」という目標は結果につながりにくいです。

上述したとおり公認会計士試験であれば，**答案練習の成績で目標を達成するかどうかをベースに計画を立てます**。そして，「それをやれば本当に答案練習で成績が取れるのか」という視点でやるべきことの優先順位をつけます。

それを前提として，必要なタスクをやり切るだけの時間や量を勉強するしかないという発想です。逆に，時間や量を目標にしてしまうと，「そもそも本当に目標達成する気があるのか」と疑問を感じざるをえない取り組み方や力の入れ方になりかねません。

私自身の公認会計士受験時代を振り返ると，勉強時間は全く計っていませんでした。合格した後にトータルで自分が何時間勉強したのかを振り返って，「このぐらいだったかな」というくらいの認識です。なぜなら，**「次のテストでどうなりたい」という目標に対して必要なことをやり続けた取り組み方だったから**です。

気になった論点を納得するまで延々と時間を使ってしまう人や，積み上げ式で目の前のタスクから取り組んでしまう人は，優先順位や目標を間違いやすいです。逆算思考で全体感を考えていないという状況にならないように注意しましょう。

国見健介@cpakunimi語録

時間や量でなく，習得した実力や成果を目標にするのがお勧め。手段を目標にしないためには，実力が付いているのか，成果につながっているか，成果が出ているかにこだわるといいと思う。実力が向上すれば，その成果として中長期的に結果は自然に伴う。自分や周りの大切な人の可能性を広げていきましょう！

第3節　学習計画に含めること

――「復習時間」を加味する

記憶に定着させるには，反復しなければいけません。そのため，**自分が勉強できる持ち時間の半分程度は過去の学習内容を復習する時間に必要だ**，という認識で計画を立てたほうがよいです。

なぜ，わざわざそんなことを強調するのかというと，**勉強をしているとどうしても先に進むことばかり考えてしまうから**です。学習計画が新しい知識や論点の習得ばかりで埋め尽くされると，復習時間が取れません。

なので，自分が勉強に使える持ち時間の半分で，その週に新しく習得する授業内容とその復習に取り組み，残り半分の持ち時間は，過去の学習内容を定期的にじっくり復習する時間にあてるのです。答案練習（テスト）の前なら，そのテストで出題される範囲全部をパッと覚え直す時間にするのもよいでしょう。

できることなら5割程度，最低でも3～4割は，過去に学習した内容の復習に取り組めるような計画を立てたいものです。

国見健介@cpakunimi語録

正しい目標を設定し，適切な戦略とやり方で，圧倒的な量をやる。大抵のことはこれで成果が出る。目標が間違っているのが一番良くないですが，戦略ややり方が間違っていても結果が出ない。これは技術で習得できるもの。量もとても大切。結果を出す力は，生涯自分や仲間を支えてくれるので大切にしたい。

――「10％のバッファ」を持つ

計画を立てる時，**10％程度はバッファ（余裕）を持つ**ようにしましょう。仮に１日８時間勉強するとしたら，７時間で終わる量の学習計画を組み立てるのです。

急に風邪を引いてしまったり，思ったよりも勉強に集中できなかったりすることは誰にだってあります。日常生活を送っていればさまざまなことが起きるので，学習計画にバッファを持たせることは大切です。

私が会計士受験生だった時は，１週間でやりたい勉強のノルマを，６日間で終わるように計画していました。つまり，１日分なので14～15％程度のバッファです。

その１日は基本的に勉強はせず，自分の好きなことをするオフ日にしていました。でも，もし６日間で勉強する予定だったノルマが終わっていなければ，それは自分の責任なのでオフ返上です。学習計画に遅れが生じないように，オフ日で調整をしていました。そうすると全体の学習予定は狂いづらくなります。

とくに勉強を始めたばかりの頃は，気合が十分に入っていて自分の持ち時間に対して目一杯の学習計画を詰め込みがちです。そうすると，ちょっとした予定外のことが起きるだけで，計画通りに学習が終わらなくなり，そこからどんどん悪循環に陥ってしまうのです。

もし当初から10％程度のバッファを持って計画を立てていれば，そのような悪循環には陥りにくくなります。結果として，**やるべきことをしっかり終えることができ，自分の精神衛生上も日々健全に過ごすことができます。**

Tweet Check

国見健介@cpakunimi語録

人生で一番長く付き合うのは間違いなく自分だからこそ，自分の可能性を広げるとともに，自分の心も体も大切にしていきたいですね。

第４節　もう一度，現在地を把握する

―― 自分の弱さと自分の現在地を把握する

学習戦略において，目標と現在地の把握が重要であることを繰り返し述べましたが，**学習計画においてもやはり現在地の把握は大事なこと**です。

真の実力は，実戦でしか見えません。会計士受験生であれば，資格スクールの答案練習（テスト）を受けて，自分の現状を正しく把握することです。つまり，アウトプットは自分の現在地を把握するための最も良い方法です。

テストを受けることは，旅行でたとえると地図で現在地をチェックすることと全く同じです。逆に言えば，テストを受けないことは知らない土地で地図をまったく見ず，「きっとこの方向で合っているだろう」と勘を頼って，**希望的観測だけで前に進んでいるようなもの**です。

また，現在地を把握するときには，自分の弱さや課題も受け入れましょう。誰しも「できない」という事実からは目を背けたいものです。「復習が終わっていないから，テストを受けるのをやめよう」という発想も同様です。しかし，それでは改善できません。

最終的には「合格」が目標です。そのためには，**自分の何を改善したほうがよいかを少し冷静に考えれば答えは出るはず**です。さらに言えば，それを頭でわかっているだけの状態ではなく，心から思えるかどうかで実行力に差がつきます。

頭でわかっているだけの状態では，自分の改善点を軽く見て，白黒つけずにグレーゾーンに放置したまま進めてしまうからです。一生懸命勉強しているはずなのに結果が伴わない人は，実はここに落とし穴がある可能性があります。

――「ゾウ」を部屋の真ん中に置く

突然ですが，もし，部屋の中に大きなゾウ（elephant）がいたらどうしますか。

これは以前，私が何かの本で読んだ中で，印象に残っている話です。今，自分にとって一番重要な課題をゾウだと考えてください。部屋の中にゾウがいるのであれば，その現実を受け入れ，対策をとらないといけません。

ところが，現実社会では重要課題は確かに存在するのに，見て見ぬふりをしてしまうことも多いのです。しかし，それではこのゾウ（重要課題）をどう解決することもできません。

たとえば，仕事である事実がその組織における一番の課題だと皆が気づいているとしましょう。皆が，「その課題さえ直せば，チームパフォーマンスが上がるはずだ」と思っているにも関わらず，**あえてそれを見て見ぬふりをしています**。部屋の真ん中にゾウがいて，内心怖い思いをしているのに，その事実に触れないようにしているのです。

でも，根本的に解決するためには，「このゾウが課題だ」と言って，皆でゾウときちんと向き合い，議論する必要があります。それが最重要課題に取り組むということです。それができれば，間違いなく結果が出やすくなります。勉強であれば，**「自分の最重要課題は何か」と向き合い，「しっかりそれに取り組むんだ」と決めることが，現在地を改めて把握するときのスタートライン**でもあります。

国見健介@cpakunimi語録

長期的に自分を奮い立たせて前進し続ける力は結果を出すためには欠かせない。自分の内面をコントロールする技術，何のためにそれをやるのかというミッションの設定，周りの人と協力関係を築く力，適切な休息など多様な要因があるが，「継続する力」を後天的に強化できると強い。

――常に目標を意識する

受験勉強であれば,「テストで合格点を取る」ことが目標です。その目標から,やるべきことを学習計画に落とし込んでいきましょう。

しかし毎日勉強をしていると,「テストで合格点を取る」という目標を忘れてしまう人もいます。あくまでテストで点を取るために,理解が大事なのであり暗記をするのです。

逆に言えば,**勉強していてテストに全く関係ない内容まで気になって,それを全部解決しないと気が済まない人というのは,「テストで合格点を取る」という目標よりも,「自分が気持ちよく勉強を進めたい」ということを優先してしまっています**。

もし受験生本人が,「合格の確率が下がってでも,自分が気持ちよく勉強したい」ということであれば良いですが,本来はそうではないはずです。

答案練習の復習でも,間違えた問題の解説を見て解き方を納得するだけでは分析になりません。「なぜ間違えてしまったのか」を原因分析し,講義や今までの復習で「なぜそれを改善できていないのか」を分析し,今後の学習における改善策を講じ,実践することが目的です。

その問題を解けるようになることが復習という誤解はとくに注意が必要です。「何のために答案練習を受けているのか」という目標を意識しながら,復習や分析を行いましょう。

国見健介@cpakunimi語録

目標を設定すると人は頑張れる。さらにその目標の達成に本気でコミットするとより頑張れる。人は弱い生物だからこそ,明確な目標設定とその達成への本気度があると自発的な行動が促され,未来を創る。さらに目標は具体的に明確であるほど達成しやすくなる。適切な目標設定力を養っていきましょう。

第５節 計画を修正する

――「真の目標」と「裏の目標」

目標が達成できない要因の１つに，**「真の目標」ではなくて「裏の目標」を優先している**ことがあります。会計士受験生であれば，公認会計士試験に合格したいというのが，真の目標のはずです。しかし，「答練で悪い点数を取るのが嫌だ」，「疑問点を解決したいけど，聞くのが恥ずかしい」というような，いわば裏の目標をたくさん作ってしまっているのです。

ところが，**結果を出せる人は「真の目標」を達成できないことを何よりも避けたいことだと考える**ので，裏の目標を捨てられます。結果を出せない人は，表向きは「真の目標を目指しています」と言っているけれども，実は「裏の目標」を優先してしまっています。「ダイエットしたいけど，甘いものを食べたい」，「人から信頼されたいけど，自分の本音は見せたくない」というのと同じように，裏の目標が足を引っ張っているのです。

裏の目標にこだわりすぎていると，人は変わることができません。「自分にとって真の目標とは何か」を考えた時に，会計士試験に受かりたいのであれば，その足を引っ張るような裏の目標を限りなくゼロに近づけられるように心がけることです。当然，ゼロにすることは難しいでしょう。しかし，**裏の目標の存在を認識して，それを減らす努力**をしましょう。

国見健介@cpakunimi語録

自分のやる気を奮い立たせたり，初心を思い出す仕掛けは大切。そういう物や言葉に多く触れる仕組みを意図的に作る。私は勉強中「現状に満足するな！」を机の前の壁に貼り毎日見てました。人は弱い生き物なので弱さを乗り越える仕掛けはお勧め。逆にやる気を奪うものは遠ざかるが正解です！

――「やり方」を見直す

計画を改善する方法には2つあります。

1つが，**量を増やすこと**です。今までの勉強時間が10時間であれば，15時間に増やせば1.5倍になります。これは1つの解決策ですが，力業でもあります。

もう1つが，**やり方を変えること**です。これが本書で繰り返しお伝えしている視点です。

今まで10時間かけていたものをどうすれば7時間で終わるのか，さらには5時間で終わるのかを考えるのです。もし7時間で終われば，約3分の2の時間で終わらせることができ，残りの3時間を使えば1.5倍の勉強をこなせます。

もし「量」で改善できる余地があるなら，量を増やさなければなりません。なぜなら，ライバルと同じステージに上がるためには，最低限の量はこなす必要があるからです。しかし，**量を増やすには限界があり，「やり方」を変えていかなければなかなか結果は出ません**。

日本では，勉強においても根性論が根強く，うまくいってない時には，「量をやれ」という思考が働きます。しかし，勉強でも仕事でも，「やり方」で本当の差がつきます。だから，計画を改善するときも意識すべきなのは「やり方」です。

国見健介@cpakunimi語録

課題に直面した時は落ち込むのではなく，乗り越えれば成果に近づくと捉えるのがお勧め。進めば進むほど新たなレベルの高い課題に直面するけど，それをストレスと捉えず，成長の過程と思えるといい。新たな課題は成長のチャンスなので前向きに向き合っていきましょう！

――質問や相談をする

「やり方」を見直すときには，質問・相談がポイントになります。とくに初心者の場合，経験者にアドバイスをもらうほうが早くポイントをつかめるはずです。質問や相談をしない人は，我流で取り組むことになります。**我流には，自分で発見するという醍醐味もありますが効率的ではありません**。何事も，わからないことは経験者に聞いたほうが早いのです。

その時には，「その分野で結果を出している人」に聞くことです。そして，**「なぜ結果が出たのか」というプロセスをかみ砕いて説明できる人**がベストです。実は，結果を出した人すべてがその道のりを他人に説明できるわけではありません。むしろ逆に，「なぜできないの？」と聞き返されることさえあるでしょう。

プロセスをかみ砕いてもらえないと，たいていの場合は再現性がありません。「テキストを10回読んだら合格した」という東大卒のような成績優秀者の話を真に受けて，同じテキストを同じ回数読んだとしても，「なぜできるようになったのか」はわからないままです。

10回読んだという手段ではなく，**どんな意識で何をどう改善したのかというプロセスが実を結んだ**のです。いくら結果を出せた人でも，本人が結果を出す力と，他人が結果を出すように導ける力というのは全く別物です。だから，その分野で結果を出している人で，かつ，プロセスをかみ砕いて教えられる人に，質問・相談をしてやり方を見直しましょう。

国見健介@cpakunimi語録

この業界には，尊敬できる人，優しい人がたくさんいる。誠実に努力していれば必ず先人が支えてくれる。なので，困ったときは安心して信頼できる先輩に相談して頼っていけば大丈夫！　今いる世界や環境がすべてなんて思わなくていい。楽しく進める場所や一緒に進む人を選べるのもこの業界の魅力だと思う!!

―― 手段を目標にしない

学習計画を修正するときにも，**「手段を目標にしない」ことに気をつけましょう。**

大事なのは，どういう力をつけるために何をどうやるかです。「テキストを３回復習する」という学習計画を立てたとしても，３回転するという手段自体が目的ではなく，「どうやって３回転するか」，「３回転した後にはどういう力を身につけていたいか」ということのほうが大事なのです。だから，**「結果としてどういう力を身につけていくか」を学習計画の目標として設定**しましょう。

勉強だったら，資格スクールで行われるテストの点数が一番わかりやすいです。テストで取りたい点数を目標にして，そこから具体的な学習計画にブレイクダウンするのです。テストの点数を目標として決めていないと，「ただ問題集を解けばいい」という意識で取り組むことになってしまいます。

実際に受験生からの質問は手段に関する内容がほとんどです。

- １日何時間，勉強していましたか？
- テキストを何回転していましたか？
- どの教材を使っていましたか？

こういった質問を実際にしたことがある人もいるかもしれません。それよりも，**「その結果どういう力が身について，そのためにどういうところを意識したのか」を確かめ，それを計画に反映する**ようにしましょう。

だから，合格者や講師に学習相談する際も「何回解きましたか？」という聞き方ではなく，「この問題を解くときは，どういうふうに考えて解きましたか？」，「どういう目的で解いていましたか？」というような聞き方をすると，より本質的なアドバイスを得やすいです。

――道具を真摯に選び抜く

一流を目指すのであれば，道具にはこだわることです。**本当に高いレベルを目指す時には道具は大事ですし，コーチも選んだほうが良い**です。

プロ野球選手で道具にこだわっていない人はいません。オリンピック選手でもコーチを変えたら劇的に成績が上がったという人がいます。

ただ，良い道具やコーチを選べても，それらを使って自分がどう行動するかが最終的には一番大事です。道具によって効率は2割も3割も変わるので，道具選びはしっかりしたほうが良いです。かといって，**いろいろなものに手を出すのではなく，真摯に選び抜くこと**が欠かせません。

たとえば，木製バットと金属バットであれば，金属バットのほうが圧倒的に遠くに飛びます。その時に「道具なんて何でもいい」と言って，1人だけ木製バットにこだわっても仕方がありません。一定レベル以上の高品質な道具を選ぶことができれば，**それをどう使うかという計画を考えるのみ**です。

国見健介@cpakunimi語録

論理的思考力もメンタルも目標達成力も対人能力も，かなりの部分が技術なので，学び訓練すればどんどん強化できる。所与で変えられないものと認識してしまうと可能性を塞いでしまう。自分次第で変えられるものと認識できると世界観と可能性が変わる。自分の可能性を一番信じるのが自分で在れると素敵です。

―― 優秀なブレーンをつくる

勉強に限らず仕事においても，自分１人で全分野をカバーすることは難しいので，**各分野に精通した優秀なブレーンを持つことをお勧め**します。たとえば「税金だったら，この人に聞けばいい」，「法律のことはあの人に聞こう」というように，信頼できる人が各分野にいると安心です。

ネットの情報はポジショントークも多いので，判断材料に使うには十分に注意したほうが良いでしょう。もちろん良質な情報を提供するサイトもありますが，資格試験に関する情報の場合，アフィリエイト目的のサイトもあるので，信用できる内容かどうかを注意する必要があります。

自分の人生に関わることであればあるほど，有象無象の情報を鵜呑みにするのではなく，より信頼できるリアルの人に話を聞いて判断することをお勧めします。このことは，試験合格後にも役立つはずです。

国見健介@cpakunimi語録

多くの受講生を見てきて思う，成績を伸ばすコツです。「正しい目標設定に対して，正しい戦略で，柔軟に修正しながら，前向きに継続する。」簡単ではないですが，これをシンプルに実践すれば成果につながる。

成績が伸びる人	成績が伸びない人
・基礎を大切にする	・基礎を疎かにする
・理解を重視する	・理解を軽視する
・重要性のメリハリが上手い	・重要性のメリハリが上手くない
・ゴールから逆算している	・目の前のことをなんとなくこなす
・習得するべき力に意識がある	・手段に意識がある
・答練で現状をチェックする	・答練で現状をチェックしない
・修正力がある	・修正しないで現状を続ける
・疑問点を質問して解消する	・疑問点を放置する
・モチベーションの起伏が少ない	・モチベーションの起伏が激しい
・壁にぶつかっても前向きに捉える	・壁にぶつかってどんどん落ち込む
・正しい情報を集めようとする	・正しい情報を集めようとしない

―― スピードと質の両方を確保する

計画を考えるときに注意してほしい最後の１つは，**スピードと質の両方を強く意識すること**です。たとえば，東京から大阪までの約600kmを１ヵ月で歩くことが必要な場合，毎日約20kmは進む必要があります。これがスピードです。

もし毎日15kmしか進んでいなければスピードが足りません。また，20km進んでいたのに，長野県や伊豆半島に向かっていては大阪にはたどり着けません。この方向がやり方や戦略のイメージです。

東京から大阪まで向かう先ほどの例では，スピードと方角の両方を満たすことが重要なのは明確です。しかし，**勉強や仕事になるとスピードや質のどちらかを軽視していたり，両方を満たしていなかったりすることがあります**。

勉強であれば，カリキュラムどおりに学習を進めるのがスピードですが，学習した内容を答案練習で合格点以上点数が取れるように復習するのが質になります。これはどちらも満たさないと合格できません。最初からうまくいく必要はありませんが，**この両方を絶対に満たすんだという気持ちで学習計画を作り，実践しましょう**。

国見健介@cpakunimi語録

凄い成功者達もまだ何も成し遂げていない若い時があった。そこからどのような気持ちで前進したか，何度壁にぶつかってきたかを想像してみてほしい。今，何も成し遂げてなくても全く問題ない。高い目標を掲げ，諦めずに進み続けた先に素敵な未来がある。自分の限界を勝手に決めているのは自分だよね。

第５章を読んだ後にオススメ関連動画

YouTube「CPAくにみんチャンネル」では，仕事や人生の可能性を高めるために有用な内容を，とくに会計プロフェッションの皆さんや受験勉強中の皆さんに向けて配信しています。

「学習計画の立て方！」

https://www.youtube.com/watch?v=uz2HPUwfujI&t=61s

第 6 章

「モチベーション」と向き合う

第1節 モチベーションの仕組み

――メリットとデメリットの大小関係

成果を継続的に出す人にモチベーションが低い人はほとんどいません。むしろとても高い状態が維持されています。しかも，それを短期間ではなく，**3年も5年も10年も維持し続けられる力がある**のです。

モチベーションは車に例えるならアクセルです。アクセルをきちんと踏めている人は車もどんどん進んでいきます。でも，ほとんどの人はアクセルを踏んでいない時間のほうが長いです。だから，モチベーションをいかに維持するか，つまりアクセルを踏み続けられるかとはしっかりと向き合う必要があるのです。資格取得を目指して勉強中の人も，合格まではもちろん，**合格後も高いモチベーションを維持できれば仕事でも大きな成果を出しやすくなります**。

では，どうすればモチベーションを維持できるのでしょうか。

これまでの受験指導や学習相談の経験から私なりに結論を出していることがあります。それはとてもシンプルで，**メリットとデメリットの大小関係がモチベーションを決める**ということです。

たとえば，スマホゲームやYouTubeは受験生にとって大きなメリットはありません。その瞬間は楽しいですが，冷静に振り返ってみると，「この1ヵ月間，スマホゲームをした時間は意味があったのか」と疑問に思うことはないでしょうか。なのに，つい手を伸ばしてしまう理由は手間がほぼゼロだからです。気軽にスマホを触って，その瞬間は楽しいというメリットを感じられるからです。

デメリットよりもメリットが大きければ誰だって前向きに取り組めます。逆に，デメリットのほうが大きければモチベーションは上がりません。

――内面で感じるメリットの数を増やす

勉強に対するモチベーションを高めるポイントの1つは，まずメリットの数を圧倒的に多くすることです。

公認会計士試験の勉強でモチベーションが続かない人は，公認会計士になったときに得られる高収入，社会的地位，豊富なキャリア選択などの外的要因しかメリットとして捉えられていないことが多いです。

公認会計士受験の目標を合格の1つだけにするとすごく危ないです。なぜなら，「受かりそう」という手応えをひとたび感じると油断につながるからです。逆に，困難に直面し，合格が難しいかもしれないと感じるとメリットがゼロになってしまいます。

そして，公認会計士試験の受験勉強でどれだけの手間や労力が必要かは身をもって知っているので，その手間や労力というデメリットが大きくなってしまうのです。結果として，どんどんモチベーションが下がります。

これは仕事だったら，「お給料をもらうため」，「昇進をするため」，「目のまえの成果のため」ということだけが働く目標になってしまうのと同じです。だから，**「達成した時に何かが手に入る」というモチベーションポイントだけだと非常にもろい**のです。

大事なのは，**内側から出てくるモチベーションポイントも同時に強く意識すること**です。つまり，努力した分や前に進んだ分だけ，「自分の実力が上がっている」とか，「自分の可能性が広がっている」といったような視点も意識できるとモチベーションが多くの要素から支えられるので維持しやすくなります。

国見健介@cpakunimi語録

決意を固めた時が，その人にとって最良のタイミング！　迷いがなくなり，本気で取り組めるタイミングって人それぞれだと思うので。

―― 自分の成長を実感する

会計士受験生に私がよく言うのは，「受験勉強を通して，学ぶ力や計画立案力，戦略立案力，思考力，忍耐力，課題分析力，課題解決力，表現力，余裕のないような時でも周りの人を思いやれる力など，本当に多くの力を身につけているんだ」ということです。つまり，「自分は成長しているんだ」と考えられると，**難易度の高い目標にチャレンジしていること自体が楽しく，快感になっていくはず**です。

まさに，ロールプレインゲームでいえば，レーダーチャートで示される全能力のレベルを上げているイメージです。そうすると，もし仮に公認会計士試験に受からなかったとしても，自分自身は間違いなくレベルアップしているので，他のチャレンジをする時でも，以前とは違うスタートラインから始められ，その高いレベルで挑戦することができるのです。

私が受講生から個別の学習相談を受けていた時，１人30分で１日に10～20人の話を聞いていました。もし，自分の給料だけをモチベーションにしていたら，10～20人の相談を受けるのは苦痛だったはずです。

しかし，そうではなくて，その30分という時間でも，受講生の合格に貢献することはもちろん，「相手を理解して，相手に対して自分が何をどう伝えるか」，「どうすれば相手が信頼して本当に納得してくれるか」などを考えることで，私自身は究極のコミュニケーションスキルのトレーニングまでできるというメリットがあるわけです。

また，資格スクールとして，受験生の満足度をどんどん高めていくことができれば，３年後，５年後，10年後にはもっとできることが増えて，受講生や一緒に働く仲間の満足度をさらに高められるようになるでしょう。それらが全部モチベーションポイントになるのです。

自分の成長に意識を置けば，チャレンジに無駄なことは１つもありません。何かに本気でチャレンジしていないこと自体がものすごく勿体ないことなのです。

—— モチベーションが上がらない原因

モチベーションが上がらない人は，そのメリットを感じている視点が少なすぎるのです。だから，自分の実力において全部のパラメーターを伸ばしていくといったような発想がほぼありません。

単に，外的に得られている要因しか見えていないのです。だから，受験でもし結果が出ないと，「勉強した時間はすべて無駄だった」という発想になっていくのです。

実力と結果は長期的には必ず正比例していくイメージを持つとよいでしょう。「今は実力を上げるために頑張っている」という意識が持てると，モチベーションポイントが長期的で多角的になります。

本気で物事に取り組んでいると，自分の想像以上に多くの力が身につきます。適当にやっていた人とでは大きな差が出ます。だからこそ，結果に一喜一憂するのではなく，目の前のことに本気で取り組むことは今後の人生におけるすべてのチャレンジの可能性が高まるという視点をもつことがお勧めです。

第6章を読んだ後にオススメ関連動画

YouTube「CPAくにみんチャンネル」では，仕事や人生の可能性を高めるために有用な内容を，とくに会計プロフェッションの皆さんや受験勉強中の皆さんに向けて配信しています。

「やる気を引き出す4つのポイント！」

https://www.youtube.com/watch?v=gA0DC67cRjE&t=87s

第2節　モチベーションを維持する

―― 失敗との向き合い方

モチベーションが下がる要因は，失敗との向き合い方にあります。子どもの頃，自転車に乗る練習をした時のことを思い出してみてください。最初からすいすいと自転車に乗れた人はきっといないはずです。何度も転びながら練習して乗れるようになったのではないでしょうか。

失敗は成長の単なる過程です。だから失敗を恐れること自体は，「今の実力でできないことにはチャレンジしない」と言っていることと同じです。

むしろ失敗できることはラッキーなのです。失敗から学び，成長することで次のステージへ進めます。失敗を恐れるのではなく，良いことだと捉えなければ人は成長しません。

成長を諦めるか，失敗を繰り返しながらも成長するか，２つの道しかありません。失敗せずに成長できるという淡い期待は持たないことです。

レベルが上がれば上がるほど，壁は増えていくものです。壁が増えると失敗の可能性も出てきますが，それは悪いものではなく，失敗は本当に良いものなのです。次の壁が出て来た時に，「よし，このステージまで来たか！」といった気持ちになれれば成長につながります。

国見健介@cpakunimi語録

壁にぶつかっているときは，心を折れないようにすることが大切です。見方，捉え方を改善することで，自分の心の中が180度変わる。自分が前を向いて進みやすい，心が落ち着く捉え方がお勧め。自分も昔はそこがうまくできなかったですが，今は捉え方を変えられるようになったので，ぐっと楽になりました。

―― 不安を消そうとしない

勉強に限らず，何かに挑戦している時，「失敗したらどうしよう」，「うまくいかなかったらどうしよう」という不安が必ず出てきます。そんな時は**「不安は絶対に消えないもの」と思ってしまったほうが良いです**。不安を消そうとするから悩むのです。

元メジャーリーガーのイチロー氏は，試合シーズンが始まる前は，重圧から吐き気を感じていたという話を聞いたことがあります。イチローさんほどの実績がある方でも，次の年に必ず活躍できるという確証はないため，周りの人からの期待がプレッシャーになるのです。

会計士受験生であれば，道をすれ違う人から次々に，「今年，会計士試験受けるらしいね！　合格，期待しているからね!!」と日々言われるような状況です。さらには，一部の心ない人からは，「あいつ調子乗ってないか？」，「活躍できるわけないよ」と，ヒソヒソ言われるような状況です。

実力が上がれば上がるほど，期待する人が増えるので自分が感じる不安は大きくなっていきます。だから，まずは不安なんていうものを消そうとしないことです。そして，自分が大きなチャレンジをしているから，不安が増えているだけだと向き合いましょう。私自身は，不安が大きいということは，それだけ大きなチャレンジをしていると思うようにしています。そして，**不安の大きさは，成果を出した時にそれに比例して大きな影響を生み出せるということでもある**のです。

国見健介@cpakunimi語録

私が伝えている勉強法のアドバイスは，20年で10,000人を超える受講生の相談を受けてきた経験から導いている。壁にぶつかっている人は何が上手くいっていないのか。理解，暗記，計画，分析，修正，メンタル，目標設定など課題は一人ひとり違う。是非講師のアドバイスを熟読し，自分の血肉にしてほしい。

―― 不安があっても集中する方法

さまざまな不安がある中，どうすれば自分のやるべきことに集中できるのでしょうか。**私のお勧めは，「最悪の状態」を想定すること**です。**最悪の状態を想定して，「その状態からでも，自分はどうにでもなるな」と考える**のです。

会計士受験であれば，「あと３年受からない」ということを想定して，「それでも，自分が進み続けていればなんとでもなる」と思えることです。

一方で，不安に押し潰されてしまう人は，「これがダメだったら，自分の人生終わりだ」といった捉え方をしてしまいがちです。初恋に破れた時のようなダメージを受けているイメージです。

初恋が散った時は暗い気持ちになって，「人生終わった…」といったような感情になりやすいですが，**冷静に考えると人生は何にも終わっていません**。また素敵な恋をしていけばよいだけの話なのです。

過度に不安を感じて，その事態が起きたらもうダメだと考えるのではなく，最悪の状態を想定して「それからでも全然大丈夫だな」と思えると，不安自体は消えませんが不安を心の隅っこに置いておくことができるようになります。最悪の状況を受け入れると，過度に心配しなくなり，結果として目の前の挑戦に対して，成果が出る確率を上げることに集中しやすくなるのです。この失敗や不安との向き合い方は私も常に意識し，自分を奮い立たせるようにしています。

モチベーションポイントが少ない人ほど，受からなかったら，もう人生終わりというように，ゼロか百かで考えがちです。しかし，それよりも，**チャレンジしないこと，失敗もせずに成長してないことが一番不安であるというように捉えられたほうが自分自身の成長にもつながる**のではないでしょうか。

―― 事実と解釈は明確に区別する

私たちは1つの事実に対してさまざまな解釈のフィルターレンズを持っています。そのフィルターを通して，どう考えるか，どう思ったか，どう行動するかというアウトプットにつながります。そのアウトプットの部分は自分が勝手に決められることです。

たとえば，リンゴを1つもらったという事実がある時に，もらった人は，「すごく美味しそうなリンゴもらえて感謝している」，「みかんのほうが好きなんだけどな」という自由な解釈ができます。あるいは「なんでリンゴなんてくれたの？　傷んでいるのかな…」といった疑う解釈をするのも自由です。

事実は1つですが，解釈というのは自分の価値観や思い込みだったり，今までの経験だったりで，考えや思い，行動が全部変わってきます。

テストで何点とったという事実に対して，「よくできた！」と思うか，「全然できなかったけど，改善すれば大丈夫！」と思うか，「全然できなかった。私なんてもうダメだ」と思うかも，すべて自分次第なのです。

だから，よく「ネガティブですぐ不安になっちゃうんです」という人がいますが，事実に対して自分で勝手に不安になるように捉えて，自分で勝手にネガティブになるように捉えているだけです。自分でネガティブを選んでいるのだから，**「全部，自分で変えられるんだ」と心から思えるようになると可能性しかなくなります。**

国見健介@cpakunimi語録

私も合格後10年は下積みだったし，その間も心ない言葉をかけられたこともたくさんある。でも，愚直に進み続けると可能性はどんどん広がっていった。まだ課題は多いけど，あと20年も進める。壁にぶつかっている人は，腐ってはダメです。自分なりのペースでいいので愚直に前を向いて前進してほしい！

―― プラスになる解釈をする

勉強をしていると，「この捉え方や考え方は所与で変えられないもの」と思いがちです。しかし，それも自分で勝手に全部決めていることであって，思い込みなのです。それならば，**目標に対してプラスになる解釈をしたほうが結果につながります**。

事実と解釈は全く別物で，解釈の部分は自分が全部勝手にしていることなのです。もっと言えば，生まれてから後天的に自分の経験や価値観に根付いて形成されているものなのです。だから，どう解釈するかは今からでも自分で変えることができるのです。それに気づくと，**自分が変われば，多くのことが変わるんだなと思えるようになり，自責思考に基づいた行動につなげられる**ようになります。

思い込みが強い人は，「自分の解釈が絶対に正しくて，その解釈でない人はみんな間違っている」というような発想になりがちです。常に他人にイライラしていて，とりあえず何か攻撃する機会をうかがっているような状態です。これは社会的にはすごく弊害があるでしょう。

会計士受験で言えば，「自分は受かる」と思うのも解釈です。一方で，「自分は受からない」と思うのも解釈です。「努力は裏切らない」と信じるのも解釈ですし，「努力なんてどうせ裏切る」というのも解釈です。それらが，**「自分の人生が幸せなものにするために，本当に良い解釈をしているのか」ということを大事にするとよい**のではないでしょうか。

国見健介@cpakunimi語録

合格後も時間は40年も50年もあります。
自分次第で無限の可能性がある。
壁にぶつかっている時，厳しい時ほど学びが多く，人として成長していることが多い！　壁にぶつかっている時ほど，前向きに進んで行きましょう！

――感謝する

最後に，感謝の重要性を伝えたいと思います。受験生なら，「今，勉強できている環境に感謝する」，「応援してくれる人がいることに感謝する」，「金銭的なサポートをしてくれている人がいて本当にありがたい」，「食事の準備や洗濯をしてくれていることにありがとう」というように，**すべてのことは当たり前ではなく本当に有難いこと**なのです。

人は自分が相手にしてあげたことは100％認識しています。一方で，相手が自分にしてくれていることはおそらく10％程度しか気づいていないのではないでしょうか。だからこそ，感謝が足りず，恩返しや貢献しようという気持ちが薄れてしまうのです。さらには，「なんでもっとやってくれないの」と，自分がしてもらうことばかりを相手に要求しがちです。

それではモチベーションの維持も，周りの人から協力を得ることも難しくなってしまいます。だからこそ，**自分が成果を出すためにも相手への感謝が必要**なのです。感謝すれば相手が喜ぶことはもちろんですが，自分も前向きになり物事に取り組みやすくなるのです。

たとえば，自分のことではないのに会計士試験を応援してくれて，自分のことではないのに合格するかドキドキしてくれる人がいるのは，ものすごく有難いことです。**人は自分のためだけに頑張ろうとすると，続かなくなることもあります**。周りの人や両親に恩返ししたいという思いを大切にすることで，頑張るパワーが湧いてくるのです。

本書で何度も繰り返し説明してきた**やり方や物事の捉え方が，学びの質，ひいては人生の質を変えていきます**。そのもっとも重要なことの１つとして，「何事にも感謝する心」を手に入れられると素晴らしいなと感じます。

今日の自分は，過去の思考と行動の積み重ねの結果です。
未来は，今日からの思考と行動の積み重ねの結果です。
思考も行動も，すべて技術で改善できるからこそ，学ぶ力を強化しながら，ぜひ自分の力で素敵な未来を創っていってください。

本書の内容が，読者の皆様のこれからの学びに１つでも気づきを送れたのであれば，心より嬉しく思います。

一度の人生，どんどん学び，充実させていきましょう！

【著者紹介】

国見　健介（くにみ　けんすけ）

公認会計士／CPA エクセレントパートナーズ株式会社代表取締役

1978年東京都生まれ。1999年公認会計士試験合格，2001年慶應義塾大学経済学部卒業。2001年９月にCPA エクセレントパートナーズ株式会社を設立し，代表取締役就任。2003年１月公認会計士登録。

CPA エクセレントパートナーズが運営する CPA 会計学院は，2022年公認会計士試験において合格者数606名を輩出し，全合格者1,456名の内，合格者シェア41.6％を達成している。これまで20数年にわたり，１万人以上の会計士受験生から相談を受けた経験に基づいて確立されたメソッドとその実績には，多くの受験生から厚い信頼が寄せられている。

主な著書に『公認会計士の「お仕事」と「正体」がよ～くわかる本』（秀和システム），『親子で目指す公認会計士受験ガイド』（中央経済社）がある。

一生モノの「学ぶ力」を身につける
――国見流結果を導く会計学習メソッド

2023年２月５日　第１版第１刷発行

著　者　国　見　健　介
発行者　山　本　　継
発行所　㈱　中　央　経　済　社
発売元　㈱中央経済グループパブリッシング

〒101-0051　東京都千代田区神田神保町1-31-2
電　話　03（3293）3371（編集代表）
03（3293）3381（営業代表）
https://www.chuokeizai.co.jp

印　刷／文唱堂印刷㈱
製　本／㈲井上製本所

ISBN978-4-502-44631-3　C2034